Un Día Particular

Un Día Particular

JORGE GONZÁLEZ MOORE

EDITORIAL JGGM

ISBN 978-958-44-7558-9

Primera edición: marzo de 2011
Segunda edición: febrero de 2015

Editado por **Editorial JGGM**, marzo de 2011
Aberdeen, Escocia, Reino Unido.
j.gonzm@hotmail.com
jorge.gonzalezmoore@asu.edu

Ilustración: Un Día Particular - María Cristina Cárdenas, 2006.
Tríptico, óleo sobre lienzo (perteneciente a la colección privada del autor).
Diagramación: Eduardo Forero Ángel
Fotomecánica, impresión y encuadernación: **Editorial JGGM**
Impreso en Bogotá, Colombia, febrero de 2015

A mi Madre,
Elizabeth Moore Uribe
Quien con su ejemplo ha enseñado,
a todos a quienes han tenido la fortuna
de estar a su alrededor,
valentía y liderazgo.

A mis hermanos Hernán y Jaime
por un pasado, presente y futuro feliz,

y a mis amigos,
por el hecho de serlo.

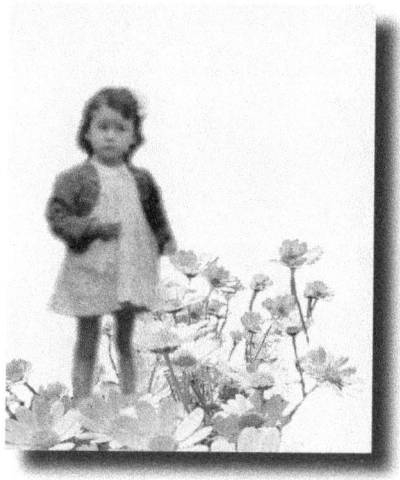

Agradecimientos

Quiero agradecer muy especialmente a quienes confiaron en este proyecto como si fuera propio.

A Iván Pinzón Amaya por su gran ayuda e infinita paciencia, así como por ser un consejero indispensable en todos los pasos.

A todos quienes compartieron de forma generosa su tiempo para culminar esta tarea, aportando su visión y muy válidos comentarios; así como a los lectores que creyeron y me acompañaron en mi primera obra:"Ideas Vagas, Sentimientos Claros".

A Natalia, por permitir, las presencias y ausencias producidas por esta empresa.

Bogotá, Colombia, 2010.

Introducción:

"Creo en los cafés, en el diálogo,
creo en la dignidad de la persona, en la libertad.
Siento nostalgia, casi ansiedad de un Infinito,
pero humano, a nuestra medida...
Creo que lo esencial de la vida es la fidelidad
a lo que uno cree su destino,
que se revela en esos momentos decisivos,
esos cruces de caminos que son difíciles de soportar
pero que nos abren a las grandes opciones"[1].

Ernesto Sàbato

Considero que es muy difícil saber que expresar en una introducción. ¿Qué espera el lector? ¿Qué le gustaría saber de este libro o de su autor? ¿Tal vez entender la motivación que tuvo para escribirlo? Las respuestas a todo lo anterior son estas mismas páginas en sus manos: lo escrito, la forma como está escrito, sus ilustraciones y la armonía y discrepancia entre sus partes.

Este libro representa cuatro años de trabajo, que son menos de una cuarta parte de lo que tardé en escribir mi primer libro titulado "Ideas Vagas, Sentimientos Claros". Inicié a escribirlo cuando tenía 31 años de edad en comparación al primero, el cual comencé a escribir cuando tenía 12 años de edad y terminé aproximadamente veinte después. Lo anterior tan sólo son estadísticas que le pueden fascinar a un ingeniero, y lo fundamental es que cada libro ha sido escrito, y para bien, en un contexto muy distinto y por ende el resultado también lo es. Y me siento orgulloso y feliz de que así haya sido.

"Un Día Particular" es mi decisión de continuar construyendo reflexiones y poemas sobre las vivencias, sentimientos y pensamientos cotidianos. La vida es a la vez algo maravillosamente complicado y simple. Mi deseo y necesidad es plasmar mi percepción y creo que es posible compartir con cualquier individuo lo que aquí se forma.

Quiero insistir en que escribir es volver conscientes y palpables los sentimientos y las emociones para concebir y aprehender la percepción particular e individual de la realidad. Escribiendo se desnuda el alma, se es genuino, sin corazas ni salvaguardas, que a larga de nada sirven más que para envejecer pronto.

Los invito a que disfruten y reflexionen con este libro, tanto como yo he gozado escribiéndolo. Gracias por permitirme dialogar con ustedes a través de estas páginas.

Bogotá, Colombia, 2008.

[1] Ernesto Sábato, La Resistencia (SEIX BARRAL / Editorial Planeta Argentina, Buenos Aires, 2000)

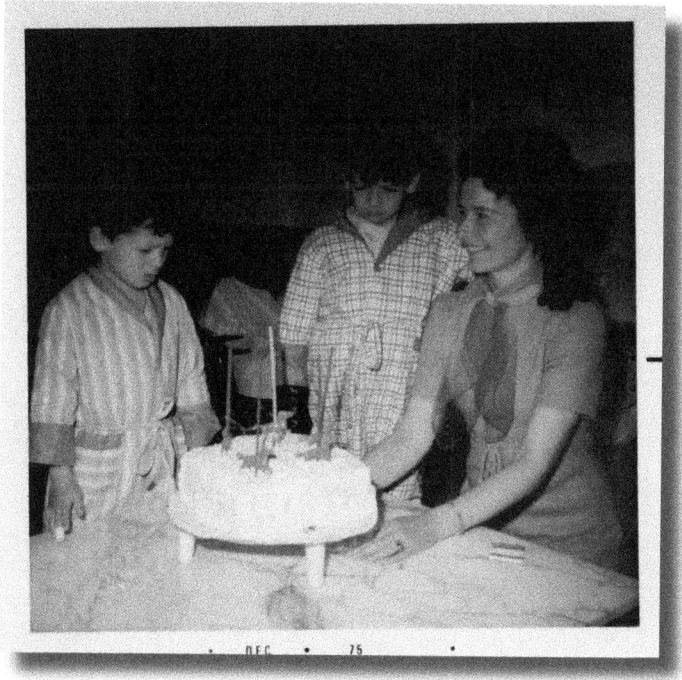

Pensamientos y Reflexiones

"But risks must be taken because the greatest
hazard in life is to risk nothing.
The person who risks nothing, does nothing,
has nothing, is nothing.
He may avoid suffering and sorrow,
but he cannot learn, feel, change, grow or live.
Chained by his servitude he is a slave
who has forfeited all freedom.
Only a person who risks is free.
The pessimist complains about the wind;
the optimist expects it to change; and the realist adjusts the sails."

Atribuido a William Arthur Ward.

I. Otras Conclusiones y Todo lo Contrario

Seguramente la humanidad ha escrito lo mismo durante
toda su historia, pero cada época debe volverlo a decir y
entenderlo por sí mismo intentando trascender. Y a pesar
que en todas las épocas se haya escrito lo mismo, en todas
se leen cosas distintas.

Los objetivos se logran o incumplen desde su creación.

Los mejores educadores son los abuelos.
Debemos procurar educar a nuestros hijos
con paciencia y sapiencia de abuelos.

La realidad la veo como yo quiero.

Cuando no hacemos todo lo posible, ni damos todo
lo mejor de nosotros, pierde toda la sociedad.

Elegimos nuestros errores, no viceversa.

La eficiencia es la de todo el sistema, no la de sus partes.

El problema de la comunicación radica en presumir
que los otros suponen lo que nosotros suponemos.

Individualmente las personas cometen actos
inmorales y no se juzgan. Se escandalizan en cuanto
ven la misma conducta en otros.

La perfección es aburrida.

La esperanza, la felicidad y la fe,
son y residen en uno.

Perdonamos con la intención de que los otros no reincidan
en hacernos daño, no para que nos lo vuelvan a causar.

La inteligencia la podemos estimar
en la forma fácil y natural de trasmitir
las creencias y pensamientos.

Los problemas reales son complejísimos y fallamos al buscar
soluciones triviales y pragmáticas, las cuales son usualmente
bien aceptadas por las empresas modernas. Es necesario acudir
a las ciencias para encontrar verdaderas curas y no paliativos.

Los ángeles y los demonios comparten la misma esencia.

El éxito de un equipo de alto desempeño radica
en las relaciones entre sus miembros situando el
objetivo común por encima de los individuales.

Alcanza el éxito aquel que hace con pasión lo que le gusta.

A las malas todo es posible, a las buenas no se.

La memoria se parece a un laberinto.

Pareciera que el único amor que nunca renace
es de las mujeres cuando su orgullo es herido.

Es infame quien no toma partido contra la corrupción y la injusticia.

La violencia es sin duda, la categórica expresión de la mala educación.

Madurez es conocer y reconocer las emociones propias.

Para decir lo que no conviene, ha de hacerse como conviene.

El talento natural aventaja de lejos al estudio.

Superar el miedo nos hace valientes.

El mejor consejero y el juez más severo es el tiempo.

Si los hogares no son cuna de paz,
la sociedad no puede ser un espacio de armonía.

Los rencorosos y envidiosos, al igual que los cretinos,
siempre cuidan de su salud, más pronto de lo que esperaban,
más tarde de lo que hubieran deseado.

Que fracaso es poder vencer y desaprovechar la victoria.

Es muy difícil pelear con alguien si lo abrazas continuamente.

Si no te hubieras marchado me habrías hecho muy infeliz.

Lograr llegar a una cima no es sino el medio para lograr las siguientes,
recordando siempre que nadie llega solo a esta.

2005

II. Fragmentos

**Los temas son tan recurrentes como la necesidad
de intentar entenderlos y precisarlos cada vez más.**

De lo único que creo tener certeza es de mis sentimientos.
De mis ideas jamás podré estar seguro.

Prefiero las posibilidades que las ilusiones,
es mejor dejar las fantasías en su sitio;
no es siempre buena idea hacerlas realidad.

Cada diligencia tiene un mensajero
apropiado y conveniente.

Soñar y cumplir con el sueño,
permite soñar cada vez con más fuerza y mayor alcance.

No hay nada más auténtico que cuando se hacen las cosas para sí.
El egoísmo no siempre es fuente de maldad, también de creación
original del alma humana.

Se puede juzgar la inteligencia de las personas por las preguntas que hacen.

Conocer a otros es comprender el real potencial de la gente,
en aquello en lo que se pueden transformar, no solamente la
persona que son en el presente.

Conocer a la gente es mucho más que conocer sus hábitos.

Nadie puede no ser modesto.

Confianza sin control es una locura,
tal como lo es control sin confianza.

La vida, en el largo plazo, es un juego de suma cero.
Se entrega para recibir, y si no se entrega no se recibe.
Tanto lo bueno como lo malo.

La vida es una, no existe tal falacia como tener una vida
personal y otra profesional. Tal posibilidad es exclusiva
de las historietas de superhéroes.

Vivir en función del tiempo es una locura.
El tiempo tiene valor en función de la gente;
al compartirlo con los otros.

Somos tiempo y presente exclusivamente, nada más.

Parte de la disciplina que lleva al éxito se adquiere
con algo de rigurosidad en los horarios.

Los vicios de la humanidad, al igual que sus falencias,
siempre han sido los mismos. Por fortuna, también
su esperanza, espíritu y sus bondades permanecen atemporales.

El tiempo es una ilusión y una gran trampa.

Somos el producto de las presencias y ausencias de los otros.
Somos en la medida que nos relacionamos o no con los demás;
allí radica la búsqueda de la identidad.

La vida es causalidad y provee aquellos retos que nos brindan aprendizaje.
No se necesita forzar el orden, hacerlo es necia impaciencia.

Cuando se es auténtico y los demás así lo perciben, se pueden vencer las
barreras y obstáculos de la comunicación interpersonal. Entre el corazón y la
razón, siempre prima el corazón.

Podemos influenciar mucho más
de lo que creemos que podemos.

Lo que duele de una traición no es que otros vulneren
nuestra confianza, sino el que hayamos tenido mal
instinto de confiar y depositarla en el traidor.

Somos la sumatoria de lo que hemos vivido. Debemos
juzgar a la gente por sus circunstancias; nadie es ajeno
a sus circunstancias.

En la vida se debe procurar siempre
tener actitud de alumno,
no tanto de maestro.

La política no funciona en cuanto los políticos hacen lo necesario
para que siempre primen sus intereses particulares sobre el bien
y sostenibilidad general.

Las reglas, normas, tradiciones y costumbres no son sino una forma
del establecimiento para perpetuar el control y asegurar su inherente
y cuestionable modo de progreso. Estas no son naturales y su fin no
es la felicidad individual o colectiva.

Ante una realidad tan escalofriante, ¿Cómo no tomar partido?
Ni Dios ni el demonio son imparciales o ecuánimes.

El amor es infinito y eterno hasta que se agota.
Exceptuando el amor de las madres hacia sus hijos
el cual perdura incansablemente.

Absolutamente todo en esta vida es personal y subjetivo;
y es esa, la raíz de los conflictos.

Nuestros prejuicios nos perjudican enormemente
y pueden ser la causa de nuestra debacle.

La noción moderna de progreso vende a cambio de nuestros
verdaderos sueños una indigna e inhumana fantasía materialista
de éxito y reconocimiento externo.

Generalizar empobrece la capacidad de análisis.

Tenemos también una responsabilidad
en la formación de los otros en la medida
en que nos relacionamos con los demás.

Un restaurante se juzga por la calidad de su pan.

La esclavitud persiste, únicamente ha cambiado su nombre para
legalizarla en la nueva, progresista y desdeñable ética moderna.
Las cadenas y grilletes son ahora inalámbricos haciendo al esclavo
creer que es libre, la única diferencia realmente es que ahora los
eslabones resultan más baratos y sostenibles para el amo.

En las pseudo democracias y democracias decadentes los políticos apelan al
nacionalismo per se para atraer adeptos de la incauta masa.

Hay cosas que no conviene saber ni entender para continuar siendo feliz.

Lo que es, no deja de serlo porque lo desestimemos,
consciente o inconscientemente.

Existen ocasiones en la cuales me siento como un dios encadenado.

La verdadera justicia social corresponde a una distribución equitativa del ocio,
no tanto de la riqueza. Esta última es solamente un medio, no el fin.

La ignorancia no es un problema siempre y cuando
exista un importante potencial para el aprendizaje.

La permanente ausencia y corrupción del Estado es
causa principal de la violencia entre los ciudadanos.

El primer signo de inteligencia es el de no seguir
las ordenes o instrucciones al pie de la letra.

El interés común es el promedio ponderado de los intereses individuales; desde luego algunos pesan considerablemente más que otros en esa cuestionable fabricación. De idéntica forma la realidad general se construye con las percepciones particulares.

Las cosas no son peligrosas por sí mismas. Algunas solamente lo son en cuanto a que elaboradamente edificamos miedos infundados a su alrededor.

No hay que perder tiempo buscando soluciones a problemas inexistentes. Un diagnóstico adecuado es el que ilustra cuales son las verdaderas falencias y sus orígenes.

Lo que nos define no solamente es aquello que decimos y hacemos, sino también aquello que negamos consciente o inconscientemente a hacer o decir.

El sentimiento de despecho es en últimas la infinita desesperación en cuanto a que ella pueda ser feliz sin uno, y uno no pueda ser feliz sin ella.

En la política todos son inmortales; todos sobreviven así cometan suicidio.

Eras linda cuando te quería, evidentemente, porque te quería.

Es tan desdeñable la prepotencia de los ricos, como la creencia de que la pobreza es plena justificación para cometer cualquier acto antisocial e ilegal con tal de colmar necesidades.

Parte fundamental del buen gusto es la simplicidad.

Ser historiador es fácil, el futuro es muy difícil de predecir. Ver las señales del cambio es sumamente complicado, bordea lo imposible.

Descreo en parte del mito de prescindibilidad de los individuos en las organizaciones empresariales, porque en ocasiones se utiliza como una forma de mantener el balance de poder a favor de la empresa.

Al construir un sueño, otros también lo toman como propio,
y únicamente cuando todos unen esfuerzos logran como equipo
una masa crítica que lo hace realidad.

Desviamos nuestra atención de los verdaderos y reales peligros
y los cambiamos por inútiles pero reconfortantes delirios que
creemos poder controlar.

Somos diferentes y únicos, y en la medida en que vivimos
experiencias distintas y las percibimos de manera individual,
estas a su vez nos hacen aún más diferentes y únicos.

Dejamos de envejecer en cuanto decidimos continuar
aprendiendo e intentando ponernos a la par de la
desenfrenada velocidad a laque el mundo avanza.

La madurez y el éxito en conseguirla, consiste en
tomar las acciones necesarias para influenciar
y hacer lo posible por tomar algo de control
dentro de nuestras vidas.

La ética debe estar basada y ser el entender cuales son las acciones que
convienen y son necesarias para un futuro sostenible como humanidad;
por ende no puede ser abstracta a las calidades humanas y al contexto
del bien común. La ética en ese sentido es mucho más gris que una
línea bien definida y mucho menos incuestionable.

Es un sofisma el sentir o decir que no se tiene tiempo.
Todo es cuestión de prioridades.

Cuando inconscientemente se entiende que no se tiene control,
el conciente busca desesperadamente tomar acciones con las
que cree que lo tendrá y así creer que gobierna.

El éxito no sólo es cuestión de planear rigurosamente y llevar
a cabo de forma impecable la estratagema forjada. Parte esencial
es entender que la suerte modifica todo y adiciona variables
y actores impensados.

Se tiene derecho en esta vida a cometer errores, pero no a ser tan cretino de sentirse orgulloso de ellos. Ídem para el mal gusto.

¿Qué hace sobresaliente a un ser humano?
Propósito, inteligencia, determinación y pasión.

El negocio de los abogados es la desconfianza.

Lo llaman en la medida que contesta.

Nos define que tan consecuente se es entre lo que siente, cree, dice y hace.

No existe mejor día que hoy, ni mejor momento que ahora.

La primera responsabilidad en todo es con uno mismo.

La indiferencia endurece el corazón y es capaz
de eliminar cualquier rastro de afecto.

Libertad de prensa es una cosa, irresponsabilidad de la
prensa es otra. La sociedad no debería tolerar la segunda.

Las cosas son buenas, mediocres o malas dependiendo
con qué y cómo se comparan. No todo es malo o bueno per se.

La gente suele acordarse con gran facilidad de aquello que le interesa.

La dignidad debe practicarse con todo el mundo y de manera constante,
y especialmente con uno mismo.

Mediante preguntas se conoce a la gente.

No tendré buena memoria ni inteligencia, pero si algo de imaginación.

No se aprende cuando se lo explican,
sino cuando se hace por cuenta propia.

La historia la escriben los vencedores y sobre lo
que estos consideran sus hazañas, virtudes,
lo bueno y malo. Los poderosos definen la verdad.
Entonces, ¿Cómo creerle a la historia y su verdad?

Pienso lo peor, e infortunadamente hago lo mejor.

La falta de recursos no es una debilidad, sino una exigencia
que debe obligar a ser innovador, creativo y recursivo.
Parte de una estrategia que conduce al éxito y la victoria consiste en volver las
debilidades propias fortalezas, y las fortalezas del opositor, debilidades.

Madurar es podrirse levemente.

El futuro no está escrito; se escribe, y a diario.

Las cosas complicadas no son necesariamente las mejores.

Una mujer hermosa es aquella a quien le combina la belleza
de su alma con la de su cuerpo.

Desearíamos que siempre la culpa fuera del otro.
De hecho siempre así lo sentimos.

Quien no sucumbe ante los antojos de la moda manteniendo
su estilo es realmente elegante.

Conociendo la historia podemos vivir infinitas vidas y experiencias.
Y conocer personalmente a quienes la hicieron.

A uno lo quieren por estar presente no por sus ausencias.
O al menos así debiera ser.

Estrategia es aquello que realmente se quiere lograr.

No estoy solo, simplemente sin ti.

Lo primero es ser, para luego poder hacer y por último tener.
Jamás al contrario.

El progreso de la humanidad fue construido
con base en ideas excéntricas y locas.

Las personas gozan hablando de sí mismas; dales el
suficiente tiempo y te lo dirán todo: sus más profundos
secretos, sueños, necesidades y deseos.

Colombia no tiene memoria y el colombiano promedio menos.
Acostumbrado a la trágica realidad y al caos reinante fabricado
a diario por rufianes y malhechores, que ni si quiera son capaces
de inventarse una realidad sostenible ni para ellos mismos.

Me niego a vivir a expensas del libre albedrío de los caprichos
de los imbéciles. Suficiente tengo ya con los caprichos del Estado,
el establecimiento y los pseudo sabios.

Las cosas importan y nos llegan al alma y pensamiento,
dependiendo de quien las dice.

Las empresas modernas buscan gente obsesiva y compulsiva cuya
naturaleza sea ser responsables y dedicados como empleados.
Naturalmente este comportamiento torna a estas personas en seres
ansiosos, por lo que la organización procura alivios paliativos para
que éstos no se angustien y hacerles creer que pueden lograr algo
de balance. La competencia generada es destructiva para los empleados,
por supuesto va en el provecho y la supervivencia de la empresa.

Las personas, los medios y la sociedad en su generalidad, siempre ignoran
aquellas cosas que convenientemente desean ignorar y aceptan únicamente
aquellos hechos que convenientemente quieren aceptar.

El pueblo latinoamericano no busca ser mejor,
sino que los otros sean peores. La envidia
envilece y carcome el espíritu de los pueblos
y las naciones.

Únicamente a quien lo ha tocado la violencia
entiende en qué sociedad vive y qué calidad
de personas lo rodean.

No creo que lo malo en la vida sea que nos sucedan cosas malas.
Lo malo es el quedarnos a merced del libre albedrío de quien
quiere hacernos daño sin poder decidir nuestro destino.

Madre y Padre no hay sino de a uno,
porque válgame Dios,
quien podría soportar más.

En el colegio se encargaron de instruirnos y enseñarnos
muy bien todo aquello que realmente no necesitamos para
vivir, y en algunos casos aquello que nos lo impide.

Ser un individuo extraordinario se logra a través de
acción con propósito y aprendizaje continuo.

La política económica es un resultado de la competencia entre los
diferentes grupos de presión. Cada uno de ellos neciamente intentando
maximizar su utilidad mediante la obtención, con maneras non santas,
de ventajas. La política rara vez es producto de la pericia o impericia del
gobernante de turno y mucho menos tiene como premisa el maximizar
el bienestar de la sociedad como conjunto.

La amenaza de imposición de sanciones a quienes atentan
contra la convivencia, muchas veces no es creíble en un país
con las características de Colombia.

Creo que al delincuente no solamente se le debe castigar por el mal
causado al individuo en la acción criminal, sino especialmente por
todo el daño y perjuicios que se desprenden producto de ésta.

Nadie sabe qué es realmente el interés público, sin embargo se
invoca para apoyar cualquier causa.

El Estado no regula aquellos bienes o servicios esenciales
para el bienestar del individuo o la sociedad.
Regula en pro de los grupos económicos,
quienes tienen como objetivo el obtener rentas artificiales para sí.

Tomar partido y ser responsable significa aceptar la consecuencia
de tener amigos y enemigos. Desde luego,
el político nunca se hace responsable
porque únicamente busca tener amigos
y especialmente electores.

Una sonrisa dice más que mil palabras.

El rencor es la sumatoria
de la frustración humana.

Destruir valor es arte de muchos.
Construir; de pocos.

Lo único que me duele de haberme ido es haber regresado.

No hay mayor cinismo que el de aquellos que reclaman
para sí lo nunca han dado.

Si anhela gratitud haga favores de tal magnitud
que no sea posible que se los retornen.

La culinaria superior insinúa mas no impone los sabores.

La gente tiende a pensar
que lo que motiva a unos debe motivar a todos
y creen entonces encontrar instrumentos
de esperanza que no son tal.

Deberían los empleadores hacerles ver a sus trabajadores que parte de su salario corresponde al propósito de que mantengan una actitud positiva con la cual se logre un mejor ambiente de trabajo mediante mejores relaciones interpersonales. Propender por ello es también conveniente para el empleado que de lo contrario termina agotado al final de su jornada por batallar infructuosamente con sus similares y la agenda privada de cada cual.

El optimismo soluciona la mitad de cada problema.

Aunque en ocasiones no parezca,
el tiempo siempre siempre sigue su curso
y en un abrir y cerrar de ojos hasta
la fecha más lejana deviene en presente.

Cambiar es encontrarse para ser uno mismo.

He encontrado una gran diferencia
entre los países desarrollados y los países en desarrollo
y es que en estos últimos se disfruta
y celebra la irresponsabilidad.

Dicen que el poder corrompe, sin embargo creo que lo único que hace el poder es revelar quién realmente es la persona; si es bueno puede hacerlo mejor, si es malo puede hacerlo peor.

Hay dos clases de profesionales:
los honrados y los que triunfan.

La mujer que anhelo se ve como tu
pero tiene una personalidad muy distinta.

Mi pastilla para la memoria funciona de maravilla
puesto que me imposibilita recordar.

De todas las virtudes es la persistencia la más valiosa
y la que demuestra el carácter y entereza de quien la posee.

No hay días aburridos ni feos,
hay días azules o grises.

Todo buen negocio radica fundamentalmente
en vislumbrar el potencial a futuro del mismo.

Cuando quiere, ve virtudes. Cuando odia, ve defectos;
y puede que en ambos casos vea algunas características inexistentes.
En cualquier relación puede escoger un ciclo virtuoso de bien logro,
con el cual puede ver virtudes y estas a su vez le facilitan amar cada
vez más a la persona. También puede escoger un ciclo vicioso de mal
logrocon lo cual observará defectos que a su vez le incitarán a detestar
y advertir mayores defectos en cada ocasión.

La abundancia de recursos de un buen
clima a veces genera pobreza en sus habitantes.

Se podría decir que el esquimal únicamente conoce el frío
y un mundo de peculiares características a su alrededor.
¿Y quién dice que nosotros no somos otro tipo de esquimal?

Adquirir varias veces lo mismo
a causa de pérdida o daño, empobrece.

El oficinista promedio no suele pensar
más allá de su estrecho pupitre.

Existen guerras que estructuralmente no pueden ganarse,
así se ganen todas y cada una de las batallas.

Puede que sea el mismo texto, pero todos leen
un libro diferente. Hasta los personajes del mismo
pueden ser percibidos como héroes o villanos.

Es la vida, con su innata tenacidad,
la que se ha adaptado al universo,
y no viceversa.

Dígame la real motivación de las personas y le diré con certeza
si las conoce y entiende. Si no sabe qué los mueve, meramente
presume conjeturas y superficialidades.

Escojo amar,
tanto como escojo no sufrir.

No existe situación de pánico más aterradora,
que cuando se vive en una realidad sin aceptarla,
y llega el momento de quedar inmerso en ésta.

Nunca lo he hecho y jamás lo volveré a hacer.

La música sin poesía es tan vacía como la poesía sin música.

Preciosa, si quieres, no me quieras – pero preciosa: quiéreme.

No debe tenerse miedo ante lo inevitable, no es solamente triste, sino inútil.

Qué es el progreso en la vida sino hacer un esfuerzo disciplinado
por elevar los estándares.

2006

III. Selecciones

*La vida está inmersa en la posibilidad, la casualidad y especialmente
en la esperanza de que la felicidad sea factible.*

Arriesgarse a la crítica es un ejercicio de humildad muy
poderoso que debe conducir a mejorar el auto conocimiento.

El verdadero periodismo
debe ser constructivo.

Es muy grave cuando la felicidad de uno
es la ausencia de otra persona.

Entre socios se propende por conseguir acuerdos
y éstos radican en cosas que no necesariamente comparten
pero que no causan daño o que cuestan poco a las partes.

Es una entelequia el proponer vivir en paz en un país
cuando al interior de las relaciones familiares se viven guerras feroces
y nunca se hace nada para remediar
y curar las profundas heridas.

Lo fundamental en la comunicación es haber construido una relación.
El contacto permanente, así sea en ocasiones para tratar trivialidades,
no es pernicioso, sino enriquecedor.

Las personas y las organizaciones tienen dificultad de comprometerse
en un futuro cuando existe incertidumbre.

La realidad no se asemeja en lo más mínimo a lo que hemos soñado.
Pero tal vez es porque no hemos tenido el valor ni la decisión
de hacer nuestros sueños realidad.

Los hechos tienen muchas interpretaciones,
en cualquier caso la verdad tiende a ser una.

Creo que las grandes y densas ciudades, los espacios tupidos y espesos de caos y velocidad no permiten el más mínimo de espacio vital para que cada cual tenga la posibilidad de detenerse a reflexionar en sus intenciones y acciones. Un ambiente así únicamente induce al frenesí y estupidez colectiva.

El secreto de la vida consiste en intentar ser felices viviendo un presente y futuro diseñado por nosotros y no al capricho de los demás.

Todo lo que he aprendido a través de mis errores me hace pensar que cuando sea muy, muy viejo podré aspirar a adquirir algo de sabiduría.

Si no fuera por la innata capacidad de olvidar a veces la vida sería imposible.

Es primordial reflexionar en el poder que otorga la libertad y la autonomía cuando nos debemos a nosotros mismos.

No es solamente como los demás influyen en uno, sino como uno lo hace en los demás generando consecuencias mucho más profundas debido a esta interacción

A la gente no hay que valorarla ni menospreciarla por lo que tiene o no tiene, sino por lo que es.

El problema de la gente incompetente es que no sabe que lo es.

Habla muy bien de uno que haya ciertas personas que ni lo quieren ni lo estiman.

Las mujeres no se casan, únicamente pasan a cuidar niños. El menor de los infantes suele ser el marido.

Las palabras de amor son siempre las mismas, lo importante es quien las dice.

La vida es una carrera de largo alcance y aliento.

La ausencia del Estado genera que los conciudadanos busquen
llenar el vacío a través de comportamientos de agresión.

Creo que nuestros pseudo líderes nos han guiado al borde
del abismo y ahora su expectativa es que saltemos al vacío.

Actuar en el momento adecuado es progresar.

En la pradera todos los animales, sin excepción, viven con hambre,
frío y miedo; y sin posibilidades de quejarse de su suerte.
La civilización debe significar alejar a la raza humana de tal escenario.

La autorreflexión genera miedo por lo que prevalece la tendencia
a culpar a otros de nuestras responsabilidades y desgracias.

Muchas veces la ruta más directa suele ser la más pausada.
La diplomacia conviene más que el afán.

Somos supervivientes de la vida desde antes del nacimiento
y hasta el final de nuestros días.

El balance de poder es algo
que puede cambiar en cualquier instante.

El que madruga duerme poco.

Debemos confiar en nuestro instinto
y dejar de ser ajenos a la naturaleza
de la cual procedemos.

La humanidad no ha conocido un día sin lucha, sin hambre, sin guerra y sin
hostilidad. Pero también no ha conocido un día sin afecto, sin amistad y sin la
esperanza que un gesto de amor le da propósito a su existencia.

La función mínima del gobernante es promover que la justicia funcione.

Ante el establecimiento se puede hablar
y opinar abiertamente de cualquier tema,
siempre y cuando se diga exactamente lo que el
establecimiento quiere que se diga.

Un ejército de hombres libres, así sean superados en número
y tengan una deficiente logística en comparación a su adversario,
siempre será más poderoso y valiente que uno de esclavos.
Convendría a las organizaciones tratar a sus integrantes
como hombres libres haciéndolos sentir como tal.

La biología pregona que solamente es posible que nosotros seamos
nosotros, en este tiempo y espacio, únicos e irrepetibles por siempre.
Así las cosas; ¿Cómo juzgar la realidad que nos ha tocado si es la
única posible para cada uno? ¿Cómo entonces no interferir con las
circunstancias si son exclusivamente nuestras?

Un líder organizacional
debería entender que su trabajo
realmente consiste en trabajar con la gente.

Una gran diferencia entre los países desarrollados
y los que no lo son, radica en las cosas de las cuáles
se ríen sus gentes y qué cosas toman en serio.

Entre más tiempo consume la gente trabajando, menos tiempo
libre tiene. Por lo tanto disminuye la posibilidad de gastar su dinero,
el cual no puede contribuir al crecimiento de la economía lo que
a su vez causa que tengan que trabajar más para cuidar empleos cada
vez más escasos y huidizos.

En la actualidad la relación con el contador debe ser tan íntima y estrecha,
y casi tan parecida, como la que se tiene con el médico personal.

Hay sociedades cuyos individuos son ensimismados y patéticamente
egoístas y se creen más libres y que utilizan su tiempo mejor. La libertad
radica en la posibilidad de interacción franca y abierta con los otros,
dándose la oportunidad de integrarse; no se trata de construir una
colectividad de ermitaños.

Es un grave problema moderno que las cosas sean cada vez
más individualizadas. Había cierta obligación si no moral,
estructural, de compartir con los demás y de paso interactuar
y con algo de suerte construir lazos de amistad.

Es paradójico que en los museos nunca hay cosas nuevas,
desde luego todas son cosas antiguas, y es esa su gracia.

La verdad, la verdad no existe,
es lo que creemos que es.

Existen aquellos que ingenuamente creen decidir sobre el destino de otros
y no son suficientemente hábiles para pensar que tan sólo son peones de un
juego que un tercero manipula.

Y acaso que tendría de malo que el destino en la vida fuera
ser Sancho Panza, el escudero del hidalgo don Quijote.
Lo fundamental realmente es ser protagonista de su
propio destino y encontrar el propósito de la existencia.
Siempre es mucho mejor que ser simplemente un
extra en el tejido de la vida.

Un líder encausa los deseos, motivaciones y energía de un equipo
catalizando su sentir y dando claridad del objetivo y su destino.
En todo caso, su tarea principal no es simplemente que sus seguidores
crean en el, sino inspirar a su gente para que crean en ellos mismos
y sus capacidades como individuos y equipo.

Cualquier ser humano cuerdo entendería que es mejor morir de pie como
hombre libre en lugar de arrodillado y habiendo sido esclavizado
por un tiempo indeterminado.

Qué sentido hace confiar en la palabra de delincuentes y malhechores.
Absurdo siquiera pensar que los malhechores tienen un código de ética
o algo de honor.

Esencial entender que los que denominamos rebeldía sin causa,
tiene mucha más causa que lo que aparenta.

Cautela con los que acusan a otros para declarar su inocencia.

La incultura de un grupo de personas no es inmutable. Las reglas del juego
pueden alterarse y hacer que la gente se apegue a las normas.
Si se les permite sin condicionamiento alguno, la gente sin apego
a la civilización tiene la tendencia de hacer lo que se les antoja.

No parece ser muy valiente ni sostenible una sociedad que siempre está
haciendo concesiones con los corruptos y maleantes. Tampoco parece muy
segura ni justa para quienes si atienden las normas.

Si hubiera puesto genuina atención en todo aquello que ha vivido, para este
momento hubiera aprendido mucho más de lo que sabe aquí y ahora.

Las organizaciones tienen la tendencia a pensar que el ideal es tener
trabajadores ocupados sin darse cuenta que estos febriles empleados
pueden estar haciendo procesos inútiles y destruyendo valor.

El nacionalismo es peligroso en cuanto busca engrandecer
virtudes propias inexistentes y alentar el odio contra cualquiera
que falle en identificarse con semejante despropósito.

Los imbéciles y cretinos fallan en reconocer que su
peor enemigo son ellos mismos. Y en este caso no
existe quien los pueda proteger de sí mismos.

Me parece perfecto ser imperfecto.

El fisco tiene un apetito voraz e insaciable.

Desde luego que es necesario aceptar la realidad pero
jamás nos debemos conformar con ésta.

Las negociaciones siempre se dan entre individuos y son éstos
los que logran o no el éxito de la misma. Es un embuste creer que
existen negociaciones de tipo institucional.

Terrible darse cuenta de que las cosas que se detestan de alguien son las que se extrañan cuando la persona ya no está.

Si quiere conocer los secretos de un hogar, pregúntele
a los niños que allí habitan. Los niños suelen tener una
franqueza aterradora con todos y con todo.

No hay mayor fortuna en la vida
que la de tener amigos virtuosos.

Un país no tiene futuro cuando ser víctima de un delito
lo hace víctima del delito y del vía crucis ante las incompetentes
e insensibles autoridades, quienes son totalmente inertes para subsanar
el daño causado.
Todo ciudadano anhela continuar teniendo fe en sus instituciones,
lo cual no significa que crea en ellas.

No sabía lo que era malo hasta el momento en que conocí lo bueno.

Reciprocidad es el cimiento esencial
de cualquier relación sana.

No somos gatos,
por lo cual únicamente tenemos una vida
y ésta debe ser apreciada
y disfrutada.

Una sociedad debe cuestionarse seria y hondamente qué tipo de educación
quiere proveer a sus gentes y qué tipo de ciudadanos quiere. ¿Esclavos bien
educados o seres humanos libre pensadores?

Cada tabú suprimido nos hace verdaderamente más humanos, cercanos
a nuestra legítima esencia y por ende torna más auténtica y conciente la
existencia de cada cual. Inclusive más feliz.

Parte primordial de un trabajo agradable es poder trabajar con gente
agradable. Nada más insufrible si no es así.

Cómo reclamar ser iguales si somos tan distintos y diversos en dones, talentos, intereses y sentimientos. Qué sentido tiene querer ser una masa homogénea.

Usualmente la vida no te ofrece un sueño sin
a la vez proveer la oportunidad de hacerlo realidad.

No soy terco sino perseverante, perseverante, perseverante…

A la gente sin importancia
hay que darle poca o ninguna importancia.
Estos típicamente resultan ser críticos de lo más cretino.

Todo está ligado, por lo que lo fundamental en realidad es
poder comprender que tan cercana o lejana es la causa
del efecto y el punto de apalancamiento.

Acostumbrarse a algo resulta bastante sencillo.
Desacostumbrarse es muy difícil.

La educación técnica y universitaria actual hace
obedientes empleados. Convendría mejor propender
por formar verdaderos empresarios.

La corrupción es causa directa de la pobreza de los pueblos
y suele ser la razón principal de sus desgracias sociales.

Debemos maravillarnos o desaprobar las cosas no solamente por lo que son,
sino especialmente por sus consecuencias.

Suele ser tan rampante la corrupción que luchar contra ella resulta
más escabroso que resistir una vil emboscada.

Es patético cuando una sociedad debe recurrir a métodos policivos
para imponer el orden. Es trágico cuando hay que desconfiar no sólo
del método, sino de quien lo ordena y lo ejerce.

El político elogia y busca al elector exclusivamente para arrebatarle su voto.

El propósito insensato de sobre simplificar lo complejo
seduce al ignorante.
En el caso del mal periodista
el afán de lograrlo es desmedido.

A través de la historia, los pueblos civilizados crearon
fronteras para apartarse de otros pueblos que también
aducieron civilidad, para luego batallar incivilizadamente
a muerte para defender tales límites.

Lo problemático de algunas relaciones interpersonales radica en que
abundante presencia de una persona resulta fastidioso. Conviene mejor
tener pequeñas dosis de ciertas personas para no intoxicarse con ellas.

Si hay algo en lo que todos puedan estar de acuerdo
es en lo detestable que resulta el sonido del despertador.

Los políticos y empresarios interesados únicamente en su riqueza individual
hacen de su propio entorno un lugar inhóspito para vivir y hacer negocios.

No se sabe que es peor,
el costo del crimen
o el precio de intentar evitarlo.

En últimas, la salud solamente depende de uno mismo; tanto las
medicinas como cualquier otro tipo de tratamiento
únicamente le dan el tiempo y la posibilidad de curarse así mismo.

Creemos que todo tiempo pasado fue mejor porque ya
no presenta peligros, riesgos o inseguridades.

Sabiduría y madurez significa entender y hacer lo importante
sin desesperarse con las muchas trivialidades cotidianas que
siempre estarán acechando el presente. Estas parecerán graciosas
y no fuentes de irritaciones, preocupaciones e impaciencia.

La cultura, prudencia, decencia y amabilidad de la gente al conducir
manifiesta su generosidad o beligerancia para con su conciudadano.
Es fiel reflejo de la tolerancia y organización de un pueblo.
La cultura al conducir del colombiano promedio
deja mucho que desear en este sentido.

La vida es una ruta laberíntica en la cual nos perdemos,
encontramos y nos volvemos a perder y encontrar,
de forma permanente y sin tregua. Por esta razón es fácil
olvidar el foco en lo que realmente se quiere lograr.

Lo indispensable de la justicia es que su accionar sea ágil y expedito.
Cualquier tardanza en la justicia es ya una injusticia y un atropello
para quien tiene el derecho a ella.

Si son tan paradisíacos ciertos regímenes, tal como sus pseudo
líderes y su propaganda pregonan, por qué entonces sus gentes
anhelan tanto escapar de estos.

Ante una tesis distinta a la nuestra
siempre es más prudente curiosear que juzgar.
Puede que seamos nosotros los equivocados.

El pensar que la única forma de darles a unos
es quitarles a otros no deja mucho espacio para
las ideas innovadoras mediante las cuales la
humanidad ha logrado sobreponerse a sus tragedias,
debacles y problemas.

El pánico resulta en parálisis.
Más conveniente cambiarlo por una impaciencia creativa
que derive
en acción y oportunidad.

No hay mayor bendición que desde temprano en la vida entender su
propósito y mantener el foco en éste. En todo caso, aún hay tiempo
para encontrar el destino y teniendo en cuenta que tiene a su alcance
las destrezas adquiridas en lo ya vivido, con éstas puede lograr lo
que se propone.

El mejor negociador es aquel que logra trasmitir a la contraparte
que a él nada lo convence ni le interesa.

La peor desdicha del trabajador es que el azar le depare
el estar subordinado a un mal jefe.
Lo verdaderamente perverso es que el azar está en su contra,
puesto que los buenos jefes son la gran minoría.

Cada generación debe librar sus propias batallas y guerras.
Conocer la historia le economizaría grandes infortunios.

En la vida no hay bien más precioso
ni debe haber uno más deseado que la salud.

La libertad de decidir sobre su destino le otorga
al ser humano una dignidad casi infinita.

El político ofrece visiones de sueños inciertos, improbables
e irrealizables al adulado ente llamado masa.
Lo triste es que las gentes le creen
como si fuere el mismísimo Mesías.

Para un matrimonio feliz se debe encontrar a la persona correcta,
que puede estar lejos de ser la persona perfecta. Entre ambos
debe haber una unión casi exacta de sueños, intereses, aspiraciones
y objetivos individuales.

Dar al trabajador la posibilidad de sentir orgullo
por un trabajo bien hecho es un preciado reconocimiento
el cual pocos líderes son capaces de mostrarle a su gente.

A un líder lo hace la fuerza de su carácter
y persistente determinación para cumplir
sus sueños.

Envejecer significa morir, pero no viceversa;
al igual que envejecer no significa volverse más sabio.

Pareciera que la masa le tiene un especial cariño
y gran nostalgia a sus cadenas y grilletes,
pero primordialmente, a sus amos.

La limitación de los recursos está causada principalmente
por la política sobre estos, sea esta local o global.
Es así, que todo conflicto se genera por estas quiméricas
y egoístas políticas.

Obligación sin recurso es como derecho sin oportunidad;
ni lo uno puede ser obligación ni lo otro es todavía un derecho.

Hay gente especialista, en que cuando
ven que algo funciona, intervienen para
que deje de hacerlo.

La realidad es que no aprendemos lo suficiente de nuestros errores
y sobre estimamos nuestros conocimientos y virtudes una y otra vez.

La lucha por la supervivencia y sostenibilidad de un pueblo jamás
podrá estar ligado a los intereses individuales cortoplacistas.

Para entender y empezar a solucionar los problemas
sociales se debe tener un conocimiento demográfico
profundo y sólido para evitar seguir legislando para
una abstracta e intangible masa.

La persona como individuo tiene algo de esperanza de
llegar a pensar por sí misma y comportarse racionalmente,
al igual que aspirar a un asomo de inteligencia.
La masa no tiene posibilidad alguna.

Pensar en la sostenibilidad de nuestra ciudad es lo mismo
que pensar en uno mismo y sus seres queridos.

Construir civilidad y ciudadanía es crear consciencia no simplemente de los
derechos, sino especialmente de los deberes propios y ajenos.

Al periodista irresponsable lo seducen las malas noticias y son su única fuente de difusión pseudo informativa; no para criticar constructivamente intentando darle inspiración a la comunidad y sus líderes para solucionar el problema, sino exclusivamente como fuente de amarillismo publicitario.

En los países en vías de desarrollo el hecho de que algunos infrinjan la Ley se considera suficiente como para que otros también crean que están exentos hasta del cumplimiento de las más simples normas.

La soledad puede ser un funesto consejero.

Quiérase o no, hay que llegar a una conclusión práctica, de que en un barco no hay más que un capitán. Existe un único líder con autoridad racional en aquellos lugares en los cuales debe propenderse porque las cosas funcionen eficientemente.

Es irracional que quien desenmascara al político corrupto es acusado por las masas como traidor, mientras que el corrupto es idolatrado cual mártir.

No leo las grandes obras para saber más que nadie, sino porque al leerlas estoy dialogando con quien las hizo y sus personajes. Los escritores siguen vivos a través de sus obras.

Debe ser obligación esencial del Estado el educar a sus gentes para que sean responsables de una maternidad y de una paternidad real. Si el Estado lo logra, puede entonces aseverar que la familia es la base fundamental de la sociedad, de lo contrario son simples pamplinas.

El gobernante que considere que su país es el mejor debe entonces esmerarse por construir la mejor educación y los mejores medios de comunicación para sus conciudadanos.

Es más sabio y alegre ver la vida con sentido del humor que con sentido de realidad.

Nadie puede considerarse vencido cuando mantiene su dignidad y principios.

El idiota útil que participa en la democracia
no entiende que su decisión de elegir
programas insostenibles a través de políticos corruptos
lo pagarán sus nietos
con caros intereses.

Cualquier organización debe compararse
no simplemente con lo hecho en el periodo anterior,
sino con lo que debería
y podría estar haciendo
con sus capacidades
y especialmente
con la referencia de lo que sus competidores hacen.

Lo catastrófico de la inversión permanente en armamento es que
en algún momento alguien querrá usar los inventarios acumulados,
a costa de vidas humanas.

Delinquir para defender el derecho deslegitima
cualquier intención por altruista que parezca la motivación.

Se podría pensar que ser el típico oficinista promedio consiste
simplemente en realizar la tarea encomendada. La realidad
es que ese el menor de los problemas y la prioridad suele ser
sobrevivir en el ambiente político-organizacional con sus
consecuentes batallas de afectos. Desde luego solamente sobreviven
aquellos que son demasiado hábiles en sembrar funestas intrigas.

Aquellos que con sevicia han quebrantado las normas y leyes se
creen siempre con mayor autoridad moral para exigir el ejercicio
de sus derechos. ¿En dónde quedaron los derechos de
quienes sufrieron de esta sevicia?

Cualquier propuesta social en la que se pretenda que los ricos deban ser
pobres pensando en que los pobres dejarán de serlo, no parece haber sido
demostrada por la historia. Lo que si ha demostrado este tipo de regímenes
es que se crean castas que disfrutan a plenitud de los beneficios mientras
predican y proveen igualdad de miseria y hambre para el resto.
Se debería propender para que tanto pobres como ricos logren realmente
mejores condiciones de vida.

Los políticos usan el discurso
de las diferencias sociales y la lucha de clases,
como chivo expiatorio de sus irresponsabilidades y mal gobierno;
su intención es dividir a un pueblo entero
en diferentes castas creando enemigos entre los conciudadanos
para que esto desvíe el juicio
a los verdaderos culpables.
El pueblo unido debe procurar encontrar sus
similitudes porque al fin y al cabo
todos somos seres humanos que
requerimos de las mismas necesidades básicas para vivir y progresar:
aire para respirar, un ambiente sostenible para nuestros hijos, salud,
vivienda, educación e infraestructura de comunicación.

Por supuesto que los negociantes y políticos avaros y corruptos se han
enriquecido porque los ciudadanos del común son los que pagan las
consecuencias y sus excesos.

Cuando las naciones o individuos inesperadamente
reciben riqueza extraordinaria no saben como manejarla
y la desperdician a manos llenas.

Ciertas cosas no tienen otra manera
de ser mejoradas sino destruyéndolas.

El socialismo que se pregona en este tiempo no es sino la dictadura
de un Estado burgués, al igual que el comunismo, que siempre ha
sido una dictadura del capitalismo de Estado.

La violencia debe ser rechazada siempre, provenga de donde proviniere,
si no por razones morales, al menos por razones egoístas. De lo contrario,
podemos convertirnos en su próximo blanco.

Lo que llamamos mala suerte no es más sino una seguidilla
de regulares, malas y pésimas decisiones. Viceversa para la buena suerte.

Si quiere que algo no se haga; aplácelo. Así como la naturaleza
aborrece el vacío, la gente detesta la inactividad; surgirán tantos
nuevos afanes que será imposible siquiera recordar la tarea postergada.

No se puede tener perpetuamente al mismo rival;
con el paso del tiempo lo acaba educando.

Para andar desnudo se debe poseer un cuerpo decente;
lo mismo sucede si desnudamos nuestra alma.

El que más gana haciendo el bien es uno mismo,
al igual que somos los que más perdemos si hacemos mal.

Existe justicia en un país cuando el ofensor es perseguido,
tanto por el ofendido como por el no ofendido.

La felicidad consiste en ser lo más aproximado a su idea del bien.
La desgracia es parecerse a sus arrebatos.

Si hay algo esperanzador para toda la humanidad,
así como para cualquier individuo, es tener la certeza
que un sólo ser humano es capaz de cambiar su
destino y el curso de la historia entera.

Lo triste de ser obsesivo compulsivo es creer que existen normas
y reglas. Lo trágico es seguirlas y únicamente poderse sentir bien
haciéndolo; lo patético es pensar que los demás las siguen.

No es tan complicado hacer lo correcto;
lo verdaderamente difícil es saber qué es lo correcto.

El cierre emocional e intelectual de cualquier proceso exitoso para
ser completo, debe tener como necesarios ingredientes la reflexión,
el reconocimiento y la celebración.

Creo que no existe nadie que se parezca a quien quiere ser.

En muchas ocasiones estaríamos perdidos,
sino estuviésemos perdidos.

Los necios juzgan, los sabios escuchan.

Teniendo como incuestionable panorama el presente
¿Cómo se puede ser ciego ante el futuro?

Lo inevitable es inevitable: el mayor sufrimiento es creer
que lo inevitable se puede evitar.

Quienes sienten que la verdad no los hace libres,
recurren a la mentira.

Nuestra pasión es nuestro norte.

El éxito logra ser, y es, una prisión.

La felicidad es aceptarse y aprobarse de forma genuina
y honesta a uno mismo. Estar contento con lo que se es.

El camino hacia el progreso se construye
únicamente a través de la persistencia.

El engaño y la traición se abren
paso a través de los poros.

La premisa elemental para creer que el trabajo en equipo
es más productivo y eficaz que el individual es que ninguno
de nosotros es tan inteligente ni creativo como todos nosotros.

Es difícil no ceder
a nuestro propio afán.

Con tal de que uno esté a favor de sí mismo,
ya es suficiente.
Ese favoritismo no es nada fácil de lograr.

Es increíble el poder que otorga el no tener miedo.

La humanidad tiene esperanza siempre y cuando
exista generosidad entre sus gentes.

La vejez tiene como grandes peligros el llegar
a ella siendo un cretino o un mal educado.

Se madura y evoluciona cuando se hace autocrítica
y se acepta la crítica constructiva.

Absolutamente todo ser vivo se comunica por medio de vibraciones.
Estas vibraciones son más genuinas y honestas que el lenguaje,
puesto que este último permite el engaño.

El silencio es poderoso.

Somos esclavos de nuestros errores.

Lo más sabio e inteligente sería tratarnos como niños en cuestión
de aprendizaje y como viejos en cuestiones de salud.

El mentiroso así sea mitómano, inconcientemente
sabe que miente y se engaña.

La mejor forma de educar a los hijos es amando mucho a la madre.

Ya he visitado el infierno; interactuar con cretinos que no solamente nunca
han usado la razón, sino que sin saberlo se enorgullecen de ello.

Algunos creen que la eficiencia de una empresa depende de mecanizar
las tareas de sus trabajadores con el propósito de que rindan mucho más
al estar únicamente enfocados en labores simples y repetitivas. No se
percatan que con ello están haciéndoles perder su creatividad que es la
verdadera fuente de valor.

Al perderlo todo, somos libres para hacerlo todo.

En ocasiones quien creemos que es el villano es tan sólo la víctima o el rehén del verdadero villano.

La indefensión más enorme consiste en no conocerse a sí mismo.

Somos reales si logramos ser auténticos con nuestras cualidades y sinceros con nuestros defectos.

Toda confrontación radica en el fracaso de dejar de escuchar de forma honesta y sin prejuicios al otro.

El primer acuerdo de todo desacuerdo es ponerse de acuerdo en precisar el desacuerdo.

Estoy convencido que si el deshonesto
observara su deshonestidad dejaría de serlo.
Dudo mucho que al cretino le pudiera
suceder lo mismo.

Si uno considera que lo ha hecho bien,
la felicitación principal es la propia;
las demás sobran.

El pecador es esclavo de sus pecados,
y la Iglesia lo sabe bien.

El dueño del perdón es quien más se beneficia de perdonar.
El perdón os hará libres.

Conociéndose a sí mismo podemos conocer a los demás;
conociendo a los demás nos conocemos a nosotros mismos.

La envidia es la expresión más primitiva de admiración.

Tanto tiempo desperdiciado preocupándonos inútilmente
por cretinos y estupideces.

Somos necesarios para los otros y de forma urgente,
no los únicos necesitados.
Eso otorga un poder muy grande y especial.

Es inteligente dedicar el tiempo y las acciones únicamente
a aquellas cosas que tienen porvenir. Nada más inútil que
dedicar tiempo y recursos a lo que no lo tiene.

La idiotez más grande es ayudar a un idiota.

La inteligencia emocional es comprender verdaderamente las preferencias
y amores irreversibles de la gente. La gente tiene preferencias de tal magnitud
que son capaces de morir por ellas con delirante entusiasmo.

Debemos apreciar y sentir una profunda necesidad de meditar
porque en la meditación hay algo muy maravilloso.

Lo que llamamos fortuna no es sino el deseo
de un porvenir extraordinario y hermoso.

El miedo ante lo que no ha sucedido, no solamente hace
la vida desgraciada, sino que la encamina a labrar su desgracia.

La sabiduría e inteligencia de un grupo o de un individuo
se mide por el manejo de la abundancia.

No hay remedio contra la pobreza del alma y el espíritu. Esta pobreza
se refleja en cada acto de la vida, y, esto es lo que establece las verdaderas
diferencias entre los seres humanos.

Educar bien a un ser humano es abrirle un mundo y permitirle
la posibilidad de amar la vida. Cuando no, se está engendrando
a un desequilibrado e inadecuado.

Hay personas que están encarceladas por su forma de pensar
y por ello no hay forma de que puedan ser libres; en todo caso
no sabrían qué hacer con su libertad.

Cada cualidad genera su propia debilidad.
Pero no viceversa.

Nuestros sueños son los que lideran nuestra vida. Lo peligroso
es que un mal sueño es como un veneno de lenta acción el cual
nos destruye inexorablemente junto con nuestros seres cercanos.

No existen palabras para describir aquello que no conocemos.
Al menos aún.

La mejor estrategia
es no hacer lo que hace su rival.

Es claro que para que un proceso funcione debe hacerse a toda prueba
y a prueba de tontos, pero especialmente a prueba de todos los tontos.

Cuando un rival muere, con éste debe morir también
cualquier enemistad y rencor que pudiera existir.

Cumplir un sueño le podrá traer ruina material,
pero con seguridad le brindará la mayor riqueza
espiritual a la que pueda aspirar.

La gente muere como vive.

Entender o al menos intentarlo, es la etapa inicial que
antecede a la búsqueda del control.

La realidad es mucho más veloz que las decisiones que tomamos.

En la vida sembrar es opcional, cosechar en cambio, es siempre obligatorio.

Hay personas cuyo mayor y único éxito o acierto en la vida es morir.

Cuando una persona muere, muere el ser humano con sus defectos
y cualidades. Ojalá que lo único que trascienda sean sus cualidades.

El ladrón que roba para seguir siendo miserable no es
solamente miserable, sino patético.

Hasta para destruir se requiere de persistencia y habilidad para hacerlo bien.

La solidaridad de quienes me quieren y aprecian siempre me llega al corazón
y me hace sensible a la vida y sus cosas buenas a cada instante.

En la vida nos arrastramos a la debacle a nosotros mismos,
y siempre a otros, a causa de nuestros errores.

Hay quienes dan consejos a diestra y siniestra,
pero son incapaces
de seguirlos ellos mismos.

Es grave que la Iglesia no insista en acumular las almas de sus feligreses e
insista únicamente en preservar para sí, los bienes de éstos.

Hay que dejar de pensar en el "hubiera podido ser"
y simplemente aceptar la realidad.

Se debe tener en cuenta que con el tiempo incomodar
a los demás nos va incomodando menos.

En aquello que ocupamos nuestra mente
empezamos a ocupar nuestras vidas.

En las empresas consideran experto al que ha hecho
más de dos veces lo mismo. No asombra entonces los
fracasos que se producen.

No tiene mucho sentido orar por quienes
han fallecido y se sabe que irán al infierno.
Hubiera convenido más una acción en
vida para no permitirlo, especialmente de
parte de ellos mismos. La salvación se
origina por voluntad propia, no existe otra forma.

En la comunicación el primer error
es creer que le entienden.

No se debe subestimar el hambre de la gente. Hambre en todos los sentidos.

Todos los sinvergüenzas son buena gente y parecen santos.

La vida se encarga de tomar por nosotros las decisiones
que no somos capaces de tomar.

El político inescrupuloso busca cualquier espectáculo político-circense para
confundir y enredar a la opinión pública con el fin de desviar la atención de
los verdaderos problemas y sus soluciones.

He encontrado que para caminar juntos por el mismo sendero y dirección,
dos personas sólo pueden tomarse de manos opuestas para lograrlo.

Ante la vida y las personas siempre fui muy ingenuo y de interés amigable;
para mi sorpresa, la vida y las personas, fueron todo, menos ingenuos
y desinteresados conmigo.

La actual pseudo cortesía social, y especialmente
la organizacional, obliga a que se tenga que pasar
tiempo con individuos a los que si pudiera elegir
jamás se escogerían de amigos, se interactuaría o
se les dirigiría la palabra.

No son sus enemigos quienes lo traicionan, puesto que éstos siempre
le procuran el mal. La traición puede provenir únicamente de quienes
usted pensaba le amaban y aparentaban ser amigos.

Ante los hechos hay que acercarse con pinzas
de cirujano e ingenuidad científica.

Tomo el escribir con seriedad para permitirme
el tomar la vida no tan en serio.

Tener dignidad y ser genuino es encontrar la forma de ser
realmente verdadero en un mundo que desdeña la verdad
y únicamente confía en las apariencias y la mentira.

¿Qué pretenden los empleadores del oficinista promedio?
Hacerle creer que obtendrá gloria inmortal a través de
sus inocuas e insulsas tareas diarias.

Hay cosas en la vida en las que uno definitivamente no quiere adquirir ninguna experiencia y en cualquier caso no conviene adquirirla.

A los dementes hay que tomarlos más en serio que a los cuerdos.

La gloria de la fortuna toca con su brisa a la gente,
unos pocos entienden su llamado, aún menos lo atienden.

El dictador es camorrista por naturaleza con el propósito
de burlarse de sus gentes a través de la siempre vigente
estrategia de mantener la unidad nacionalista mediante
las cíclicas creaciones de enemigos internos y externos.

Lo importante no es que creamos en Dios, sino que El crea en nosotros.

No debemos confundir las diligencias personales con tiempo de ocio, puesto
que éstas son un yugo que nos apartan de nuestra libertad de aprovechar el
tiempo libre en nuestros verdaderos intereses de vida.

Las cosas por obligación se hacen casi siempre de mala gana y desdén.
En el momento que se omite la natural voluntad de hacer las cosas,
el propósito y la tarea ya están mal hechas.

La libertad no se negocia o deja de serlo.

El primer derecho de los niños debe ser
el de tener unos padres responsables.

Yo no espero nada a cambio, sino de algunas pocas personas.
Y de éstas, espero mucho más que lo extraordinario.

La memoria de nuestras experiencias
es lo que somos.

La elegancia es exigente.

La mejor forma de perder dinero es involucrarse
en un negocio que no se conoce.

La seguridad y el peligro son meramente percepción.

En la vida, existe un periodo sumamente corto en el
cual somos autónomos y autosuficientes.

He olvidado mis mejores reflexiones, por lo que no me deben
juzgar exclusivamente por aquellas que he logrado recordar el
suficiente tiempo como para escribirlas.

El matrimonio es fácil y feliz con la persona correcta.

Lo que ahonda y amplifica el sentimiento
de amor es la complicidad que se procuren
quienes se aman.

Para un empleado, la posibilidad de hacer empresa
propia significa el empezar a depender más de sí
y menos de los demás, y especialmente del libre
arbitrio de malos jefes.

El corazón que no sabe perdonar no puede amar verdaderamente.

Donde hay amor y amistad, desaparecen las jerarquías.

Lo que cambia nuestra existencia y forma de percibir la vida, no son los largos y solitarios periodos de reflexión, sino las profundas experiencias ante los hechos de la vida.

La vida es una aventura; puede optar por creer que no lo es. Al fin y al cabo está escogiendo su tipo de aventura.

Si, es verdad que muchas cosas que ha soñado siguen siendo sueños; pero cuantas cosas ha podido vivir, hacer y tener, las cuales jamás imaginó que podrían ser. La vida obra de forma misteriosa.

En la vida no hay que mirar atrás, únicamente existe presente y futuro.

El mal periodista no sólo cree que informa, sino que su opinión es verídica. La pseudo opinión pública ha sido trastornada por el mal periodista, convirtiéndose éste en creador de opinión. Lo trágico es que el público le cree.

Lo substancial del médico no es si conoce mucho, sino que tan buena empatía desarrolla con el paciente. La mejor y más eficaz cura es confiar en el médico.

Suprimir una idea es más difícil que controvertir a su defensor y convencerlo de cambiar de opinión.

El dolor le notifica que aún está vivo y las cicatrices que el pasado fue real.

Pensando con quien compartir nuestra vida, debemos tener muy en cuenta que con el tiempo la belleza desaparece y únicamente quedan, si es que existen desde un inicio, el buen sentido del humor y la buena conversación; ambas cosas son el exclusivo fruto de la inteligencia.

Amar te hace libre cuando tienes la libertad de amar a quien quieres.

Después de todo lo vivido y aprendido, ahora si estoy seguro… creo.

Un líder le otorga la capacidad a su gente de
enorgullecerse de ser genuinamente ellos mismos.

Lo peligroso de creerse inteligente es convencerse erróneamente de ello.

Un pueblo entero, sin distingo de clases, que lucha por su justa libertad tiene
la posibilidad de ser una sociedad viable y sostenible; especialmente porque
sus gentes conocerán de primera mano el costo de su libertad.

El impuesto más severo y costoso para los pobres es la inflación.
El gobernante populista basa su insostenible política económica
en la desbordada emisión de moneda, prometiendo un ilusorio paraíso
financiero que resulta siendo un infierno insoportable para el pobre.

Perder los estribos en una discusión es ya empezar
a entregarse a quien lo controvierte.

Lo que más enferma en la vida son las injusticias sufridas.

Ser inteligente es tan simple como constantemente tener en mente el futuro y
pensar en éste. El pasado no existe y el presente sólo le brinda la oportunidad
de colmar las necesidades básicas e inmediatas.

La evolución, tarde o temprano, dictamina si algo funciona o no.
Sólo lo sostenible logra permanecer.

La elegancia es virtud de pocos.

Para un inocente acusado injustamente
no existe recurso legal que valga.

Cuando las cosas se hacen con pasión
es imposible apartar nuestros sentimientos de éstas.

Siempre que ocurre un delito, no solamente es
lesionada la víctima, sino la Ley, la institucionalidad y
de forma grave toda la sociedad.

Si el miedo a lo terrible y catastrófico, sea éste causado por la naturaleza,
el ser humano o nuestro propio remordimiento, es lo que nos une a Dios;
entonces no es una decisión libre ni verdadera. Es más una decisión de
cobarde que de valiente y fervorosa aceptación.

La humanidad tiene siempre un peculiar criterio para escoger lo que
considera es lo importante para lograr su sostenibilidad. Usualmente
está equivocada.

Lo que se quiere se torna hermoso aunque no lo sea
y lo que se detesta se vuelve espantoso aunque tampoco lo sea.

El cielo es ser objeto de la genuina generosidad de nuestro prójimo.
Y qué es el infierno sino el ser víctima del horror de la vileza humana.

La gente habla de valores e ingenuamente cree tenerlos. Sólo en momentos
difíciles se pone a prueba nuestra integridad y creencias.

Lo que espero, necesito y quiero de la mujer que amo es que tenga paciencia
y fe en mí. Que crea auténticamente que siempre estoy obrando pensando
invariablemente en nuestra felicidad y en la construcción de un maravilloso
presente y porvenir para los dos. Y que me haga la vida fácil, no difícil.

La constancia no reemplaza el virtuosismo, pero al menos trata de compensar
el escaso talento.

Hasta los corruptos deben confiar
en que sus pares cumplirán con su parte del trato.

Los acuerdos perfectos no existen; negociar significa ceder siempre algo ante la contraparte.

Se debe buscar ser cliente de alguien que verdaderamente lo considere importante, de lo contrario es usted quien rogará por atención a pesar de ser quien paga la cuenta.

Los malhechores y anarquistas abusan y despotrican de la autoridad y el orden establecido, intentando de cualquier forma imponer su propia autoridad y orden.

Para la avaricia o el gasto desmedido cualquier excusa es válida.

Somos muy afortunados por cuanto nos hemos encontrado el uno al otro.

2007

IV. Un Día Particular

El recorrido es lo que importa:
el andar con sus traspiés y sus buenos pasos.
La meta en realidad es peregrinar el camino paso a paso.

Gran parte de madurar
es tener el carácter de hacer aquello que le gusta.

De lo poco que me acuerdo a veces ni me acuerdo.

El matrimonio no puede ser la felicidad de uno,
a costa de la infelicidad del otro.

La mente es poderosa pero los sentimientos lo son aún más;
y ambos construyen nuestra realidad.

Pareciera que tan sólo es posible hacer
a algunas pocas personas felices durante nuestro lapso de vida.

Prefiero la duda a la certeza. No se ahonda en el conocimiento espiritual
ni en sabiduría sin cuestionar el orden establecido.

En la comunicación actual, no importa si lo que se dice es cierto o no,
lo esencial de la credibilidad radica en la contundencia de cómo se dice.

No es simplemente cómo hacemos las cosas diferentes,
el fondo es que logremos que sean tan distintivas como mejores.

Con el mismo dinero se puede comprar algo bueno o algo malo.
El buen gusto es invaluable.

En la vida todos sufrimos decepciones y desilusiones;
lo importante es sobreponerse haciendo el correspondiente duelo,
enfocándose en lo positivo y pasando la hoja.

Para el empresario inteligente,
tiempo y recursos son lo mismo.

Hay argumentos que nos parecen válidos
porque ciega y desesperadamente queremos
creer en su conclusión.

Existen personas que durante toda su vida hacen mucho mal, y al acercarse el
final de sus días hacen una pizca de bien; lo trágico y penoso de esto es que la
sociedad olvida el daño hecho y consideran santo a semejante tipo de persona.

Si Dios existe, entonces únicamente le es permitido intervenir
a través de los seres humanos que creen en El.

La religión y la política se alimentan del miedo,
la desesperación y los problemas sociales.

Nada ni nadie puede detener a un espíritu determinado.

Las buenas relaciones son un excelente negocio,
infortunadamente pocos lo entienden así.

Mi mayor aspiración es descubrir mi esencia para ser cada vez más yo mismo.

El código de ética más simple resulta ser el más efectivo: si la acción no
produce daño al individuo y su comunidad, entonces no debe condenarse.
Primordial que dicho código sea positivo; las prohibiciones suelen alentar a
las personas en lugar de disuadirlas del mal.

No tiene mucho sentido una moral cuyo principal propósito es infringir
miedo y sufrimiento, mientras que libera la conciencia de quienes se creen sus
defensores a ultranza. Estos últimos suelen ser y sentirse ajenos a la cobertura
de la moral que tan altruistamente pregonan.

Lo que desconozco es lo que me permite seguir siendo feliz.

Hay gente que dice ser buena pero sus acciones
los delatan y los dejan mal una y otra vez.

Me cuesta trabajo entender a la gente que opina que sea una buena cosa estar
en manos de los perversos y malhechores porque al final aprendieron algo.
Creo que igual se puede aprender, sin darle dignidad alguna a los perversos.

Así como no existe enemigo pequeño, tampoco existe un aliado inútil;
partiendo del hecho que es un verdadero aliado, claro.

Soy persistente cuando me obligan.

La libertad es aterradora para quien teniendo el derecho
y oportunidad de disfrutarla, jamás la ha ejercido.

Los abogados suelen ser
personas no razonables.

Nuestras decisiones y sus consecuencias nos acechan
en forma de realidad en tiempo presente.

Adaptarse a la buena vida y las comodidades es muy rápido y fácil.

Para evitar tragedias, la responsabilidad, educación y el criterio deben ser
inversamente proporcionales a la infraestructura y recursos disponibles.

Si de pelear se trata, el ser humano sólo debería hacerlo
para defenderse de las catástrofes naturales.

La Ley y el establecimiento nos piden que seamos precavidos para
que seamos nosotros los que evitemos la estupidez y la maldad de
los cretinos y malhechores que no atienden razón ni normas.

La libertad es absoluta cuando somos libres de nuestros tormentos.

Si el egoísmo es el espíritu del progreso, entonces es torpe en su
fundamento y ruin su fin. Nadie sobrevive mucho tiempo dependiendo
y edificando sólo para sí.

El perro es el mejor amigo del hombre; por cierto,
se la pasa persiguiendo su propia cola.

Compartir atormenta
a quien no entiende que compartiendo goza.

Si nuestra vida fuera nuestro propio experimento científico;
¿Qué tanto éxito estaría teniendo?

¿Realmente somos libres o tan sólo siervos de un destino?
Mucho más grave aún si somos siervos de los caprichos de
individuos egoístas.

La mejor musa para escribir es leer abundantemente y vivir vigorosamente.

Las empresas se equivocan al querer tener empleados unidimensionales que
únicamente se ocupan de sus tareas. De esta manera pierden la riqueza de las
experiencias de vida que aportan oportunidades creativas.

Lo que nos apasiona,
se nos facilita.

Ninguna obra, por magnifica que sea,
puede contenerlo todo.

Para la gran mayoría de organizaciones, nada más ajeno al entendimiento
de la razón de ser del negocio, que los individuos de la función de recursos
humanos. La experiencia mínima para cualquier individuo que aspire aportar
a una organización a través de su área de recursos humanos, debiera ser la
de haber contribuido previa y abundantemente desde las áreas directamente
relacionadas con el negocio.

Gracias a la corrupción el subdesarrollo sigue siendo terreno fértil para el comunismo que no pudo ser en el primer mundo.

Cada cual escribe para su tiempo sin percatarse de que cada tiempo escribe sus circunstancias para la historia.

Un mejor país se construye con buenas acciones,
no con indiferencia ni derramando la sangre
del conciudadano.

Aquellos que piensan que ganarán enormemente
destruyendo el mundo; ¿Dónde piensan vivir?

La justicia, para quien la reclama, suele ser demasiado leve con el malhechor.

La vida tiene sentido si se es libre.

Se suele aprender considerablemente de tres tipos de individuos: los sabios, los cretinos y los cretinos que se creen sabios. De los dos últimos tipos de individuos se aprende especialmente aquello que no debe hacerse.

En los países en vías de desarrollo, ni siquiera en circunstancias de catástrofe, son capaces los políticos de dejar a un lado sus mezquinos y egoístas intereses para unificar criterios y enfocarse en solucionar la crisis pensando en el bien de la patria.

Para que la persona se vuelva responsable
es necesario entregarle responsabilidades.

Desde luego que podría de forma solitaria hacer realidad mis sueños,
lo importante es que prefiero hacerlos realidad contigo.

No hay nada más excitante que la vida misma, gracias a la posibilidad, la casualidad y la esperanza que nos brinda a cada instante.

Si algo ha demostrado la historia de la ciencia es que la mayor parte de lo que
se creyó cierto en el pasado ha resultado falso en el presente.

Quien no perdona, pero especialmente quien no se perdona,
vive en su propio infierno.

¿Alguna vez se ha detenido a verse a través
de lo que sus sentimientos le manifiestan que puede ser?

Toda norma que se haga pensando en la naturaleza
inherentemente buena del individuo, falla en su
concepción y no es más que una inútil ilusión.

Todos aquellos que viven su vida con la filosofía
"esperar a ver qué pasa", deben entender que el
mayor peligro en la vida es no arriesgarse
y no tomar partido.

La ignorancia del peligro supone seguridad para el tonto.

El éxito es posible cuando se entiende que éste se logra luchando contra las
raíces de los problemas y no simplemente haciéndolo contra los síntomas.

Como nos gustaría que los demás nos tuvieran tanta paciencia como nosotros
creemos tenerles.

Escribo desde una realidad que sólo yo he experimentado, y aun así,
resultan universales los temas y sentimientos de los cuales hablo
gracias a que compartimos su esencia. Aunque como en aquel antiguo
cuento todos nos aproximamos como ciegos ante el elefante que es el
mundo que respiramos.

Es mío aquello que comprendo.

La suerte está echada, pero cada instante nos da la oportunidad
de empezar una nueva partida.

Son las acciones, no tanto las oraciones, las que han logrado transformar el mundo. Oración sin acción no hace milagros.

La edad, como mínimo, debe darnos la capacidad de contar anécdotas interesantes.

La humanidad debe recordar y tener museos de aquellos momentos horrendos de su historia, para que la memoria colectiva se mantenga viva y alerta para impedir que vuelvan a ocurrir.

Contra los actos de injusticia y barbarie, una solicitud o pedido no basta y es además de tímido, tonto. Se debe exigir justicia sin cuartel.

Los perversos y su pavoroso régimen tienen por fortuna una falla inherente, y es que tarde o temprano terminan por hacer que sus pacientes víctimas se vuelvan con feroz desespero en contra de la opresión.

Los auténticos líderes se hacen verdaderamente responsables por su gente.

Las malas noticias conviene saberlas pronto.

El discurso populista jamás ha alimentado a nadie.
El pueblo puede soportarlo todo, menos el hambre.

Construir confianza es muy fácil si se hace con sinceridad.

En el mundo ideal todo funciona de maravilla;
sin embargo,
el mundo ideal no existe.

Valiente es quien teniendo que perder se arriesga
como si no tuviera que perder.

Los cretinos se desviven por hablar sin pausa,
mientras la gente madura escucha.

La gente se amotina contra la autoridad
porque el individuo percibe que la autoridad
sólo es autoritaria con éste y laxa con los demás.

Si uno no cambia,
la vida lo obliga a hacerlo.

Los pueblos que condenan únicamente el crimen y no al criminal,
jamás superaran las atrocidades de los malhechores. El crimen
es un ente etéreo; el criminal es el responsable y quien debe ser
señalado de forma precisa.

Si no ha experimentado lo bueno, difícilmente tendrá aspiraciones
de algo mejor. Nada más efectivo para generar conformismo de
miseria en el espíritu de la gente y los pueblos que el status quo.

No hay que pasar por alto aquello que se da por hecho.

Hay lectores que desconfían del autor y no de su traductor.

El cretino cree que gana si el otro pierde. Su orgullo y victoria
radican no en generar valor para sí, sino en hacer perder al otro
o ser espectador de la desgracia ajena.

No hay que confundir el hecho de que uno sea bueno en algo
y el hecho de que ello le guste; y viceversa.

Los sabios entienden que hacer el bien
es mucho más barato y sostenible que hacer el mal.

Hay quienes ingenuamente creen que tranzar con criminales,
así ayude a unos pocos, no traerá consecuencias nefastas.
Tranzar con malhechores para proteger a unos, pocos o muchos,
resulta en peligro inminente y desgracia para todos. Ceder ante
los perversos expone de forma rampante a todos los ciudadanos
ante los caprichos y vejámenes de los perversos.

La desgracia de ciertos subdesarrollos es compartir
los males del primer mundo por querer suplantar su espíritu,
además de sus propios dramas.

Nuestros odios nos consumen
incinerando nuestra alma, esperanza y vida.

Lo que hace a un ser humano, y lo único que perdura, es su espíritu
y su dignidad. Perder cualquiera de éstas es morir en vida y estar
a expensas de la barbarie.

Si pudiera regresar en el tiempo, sólo intervendría para darme esperanza
y afirmar que puedo lograr lo que me propongo; soy lo que he vivido.

El periodismo ha develado los excesos y carencias del establecimiento
y la sociedad. Sin embargo, su inusitado poder de manipulación ha develado
sus propios excesos y carencias.

En Colombia todo es grave
pero nada se toma con gravedad.

Cuando se es niño se es más feliz con aquello fantástico que se sueña que con
a aquello que se tiene. Los juguetes son los pasaportes a la fantasía; al lugar en
donde están los anhelos.

Si se hace exactamente aquello que todos hacen,
cómo esperar resultados distintos a los que los otros obtienen.

Los enemigos más radicales de la humanidad son el demonio y la propia
barbarie del hombre. No estoy seguro de la existencia del primero.

El concepto de alma es el deseo egoísta del ser humano de querer permanecer,
aun después de finalizado su oportunidad y tiempo.

Terrible cuando la verdad ni libera ni redime.

Los egoístas viven en un presente miserable
sin elección de futuro.

El arte como plasticidad práctica.
Lo práctico como plástica del arte.

Los ciudadanos en la democracia andan como turistas en los museos;
lo consideran una visita obligada del viaje, únicamente para obtener
la fotografía de rigor, les llama la atención el paisaje, pero no tienen el
tiempo, el interés genuino o la profundidad para entender e interactuar.

Necesitamos un mundo con infinitas posibilidades,
pero más humano y generoso.

Las dictaduras son antidemocráticas, no tanto en sus inicios,
como en sus perversas tácticas para mantenerse vigentes.

Lo moderno deja de ser útil cuando en lugar de brindarnos
más tiempo libre nos lo arrebata.

La visión del mundo está viciada por la injerencia del primer mundo.
Ni la visión del primer mundo, ni la del tercero parecen ser sostenibles.
La obligación de los países del tercer mundo es la de desarrollar
y balancear la visión de sostenibilidad humana.

El clima juega un papel como impulsor del desarrollo,
particularmente el mal clima, el cual obliga a los pueblos
a organizarse o perecer. No es coincidencia que buena
parte de los países desarrollados se encuentran en los
lugares con peor clima.

Los países del primer mundo tienen el riesgo
de convertir a su sociedad en un monumento
al desperdicio y la banalidad.

Tener mal sentido del olfato es una bendición
en el modernismo cosmopolita.

Un talento desperdiciado
no es un talento.

La Torre de Babel tiene el mérito de permitir el identificarnos
culturalmente y darnos privacidad en algunas conversaciones.

El violento siempre cree estar a salvo y ser ajeno a la violencia
que ha sembrado con delirante entusiasmo.

Lo que hace que la percepción de seguridad por parte de los ciudadanos
sea positiva es que los delitos de alto impacto social sean mínimos
y no permanezcan impunes.

Que el proveedor cumpla su promesa -el momento de la verdad-
es la expectativa que tiene el consumidor y la única forma de
garantizar el servicio al cliente.

Las personas no valoran la bendición
que significa el estar sano
hasta que ya no lo están.

En política solucionar problemas actuales
y futuros no otorga
réditos electorales.

Cuando respetar la fila, el tiempo y los derechos de los demás, no hace parte
de las prioridades de los ciudadanos, el caos se multiplica y se es cómplice de
la violencia generada. Lo más triste es, que quienes si respetan las normas,
son considerados tontos y maltratados cobardemente.

Sin importar quien sea ni lo que haga, la gente le dirá qué hacer
y qué no hacer, desde su nacimiento hasta su tumba.

Mientras más crece la igualdad
más disminuye la individualidad.

La virtud y el problema de la democracia es que le da a cada individuo
los mismos derechos y obligaciones a pesar de que no los merezca.

Si en lugar de sus consecuencias, es un proceso electoral
lo que determina que es bueno y que es malo; no es de sorprenderse
las injusticias que emanan de tal sistema.

El progreso es un mito y un sofisma cuando no conduce a la felicidad.

Los problemas que aquejan a la humanidad desde su aparición,
no han cambiado, tan sólo se han vuelto más sofisticados.

La intención no es decisión; así como deseo no es necesidad.

Uno debe sentir la pasión por la vida y el amor con la misma intensidad
y adicción que se le tiene al aire y a respirar.

Así no se crea en algo, no significa que ello no exista y no nos afecte.

Imaginación y pasión despiertan y dan esperanza al espíritu.

Los ciudadanos de las urbes, pasan de electores a mentecatos,
cuando eligen alcaldes que les imponen la pena cosmopolita más odiosa;
perder el tiempo de sus vidas en un trancón.

Absolutamente todo tiene un mensaje político.

Las aguas tibias de la justicia solamente han servido
para abrir espacios no merecidos a los malhechores.

Puede que la humanidad crea que ha aprendido mucho,
pero no ha aprendido lo esencial: que el ser humano no se basta a sí mismo.

De los más viles crímenes que se pueden cometer, es el de despojar
de la esperanza a un ser humano.

La mejor forma de dejar de aprender es renunciando a escuchar.

La salud, si bien es fortuna y un tesoro,
en su cuidado parece más una rosa.

Importante reflexionar en la inherente libertad que se obtiene
al ser verdadero y fiel a sí mismo.

En estas reflexiones y pensamientos, no está ni todo lo que pienso
y mucho menos, todo lo que siento.

Al tonto se le facilita resolver los problemas ajenos, pero nunca los propios.
De hecho, no sabe que los tiene.

Si fuera delito ser cretino buena parte de la población
habría sido encarcelada en algún momento de sus vidas.
Muchos, estarían condenados a cadena perpetua por reincidir diariamente.

Nadie puede considerarse totalmente cuerdo;
en algún rincón esconde algo de locura.

La vejez nos trata como nos tratamos de jóvenes
y es el justo reflejo de cómo hemos vivido.

No es que te tenga paciencia, lo que sucede es que te quiero.

El fanatismo es sin duda una peligrosa manía. Transfigura lo poco
de consciencia individual en la siempre ávida demencia colectiva.

El primer paso para lograr algo
es creer que es posible.

A los malhechores que destruyen el nombre de su país al cometer actos criminales en el exterior deberían también castigarlos por el daño al buen nombre
de todos sus conciudadanos.

Para el historiador, la historia es presente.

A la gente le alegra el tiempo pasado
precisamente porque ya pasó.

El hecho de que alguien sea buena persona con alguien
no significa que sea buena persona.

Entre tanto absurdo realismo mágico que se vive en nuestras latitudes
se corrompe y tergiversa el deber ser de las cosas.

Cuando en una relación lo único que hay en común son los problemas;
la relación y adicción es entre cada individuo y los problemas
e inexistente entre las personas.

Para mí, escribir no es una ocupación,
sino una liberación.

Hay gente que conozco desde hace mucho tiempo
y por ello desconfío de ellos.

Parte esencial de la construcción de una amistad
es compartir abundante tiempo juntos.

El mayor deseo y necesidad de la gente
es ser escuchada y comprendida.

El odio es pernicioso.

Una cosa es asumir riesgos
y la consiguiente responsabilidad por las consecuencias,
otra distinta, es ser cretino.

Una filosofía de vida es la biografía de su autor.

El problema es creer
que todos los problemas tienen solución o necesitan tenerla.

Plantarle mala voluntad a las cosas
es pronóstico de desgracia.

Soy repetitivo con la convicción de poder descubrir
la forma precisa de decir lo que quiero decir.

La travesía y los retos van fortaleciendo al héroe;
el camino recorrido es lo que lo hace heroico
y capaz del heroísmo. Ídem para el líder.

La edad no debe ser un peso,
sino ligero equipaje de experiencia y enseñanzas.

Un aniversario más de vida significa hacer un balance de lo hecho
y lo que falta, bajo la premisa de que cada vez queda menos tiempo.

Sueño con que ningún lugar esté prohibido para nadie
y especialmente que a nadie se le deba prohibir ningún lugar.

Que los ciudadanos se respeten,
no por obligación, sino por voluntad propia.

En la actualidad se habla pero no se dialoga.

Algunas promesas electorales del demagogo
serían interesantes si no fueran falsas.

La variabilidad conspira permanentemente
para impedir que alcancemos nuestras metas.

Las convicciones suelen resultar frágiles ante las injusticias.

La edad de piedra no finalizó porque se acabaran las piedras,
sino por el inconformismo de algunos
y su humana necesidad de vencer a sus enemigos.

Se debe ser desconfiado de aplicar la estrategia de convertirse
en idéntica imagen de su enemigo para vencerlo,
porque cuando finalmente lo venza,
es muy posible que usted no pueda reconocerse en el espejo.

Desde luego que hay que solucionar
los problemas que arruinan el corto plazo;
el problema es creer que estos son los únicos que deben remediarse.
Si una comunidad no dedica la mayor parte de su tiempo
y recursos a solucionar los problemas que afectan su largo plazo,
estará irremediablemente jodida para siempre.
Enfrascado únicamente en el presente es imposible
estar a la par con el futuro.

Vivir la fortuna sin igual de disfrutar la vida siendo verdadero,
con esperanza en el porvenir, rodeado de gente que nos ama
y que nos da gusto amar.

¿Qué sería de nuestras vidas si no tuviésemos fe y esperanza?

Para bien o para mal,
si no fuera por el desarrollo de la civilización,
casi ninguno de nosotros hubiese podido nacer
y de haberlo hecho seguramente ya no estaríamos vivos.

La falta de dignidad es propia de mentes
y corazones minúsculos.

Más que paz -un ente etéreo inalcanzable-
lo que el mundo necesita es armonía entre sus gentes.
La paz es tan sólo una tensa calma antes de la tormenta.

Dios es Dios, lo que de El se diga o crea no importa;
y posiblemente a El tampoco.

Mi patria es la esperanza de armonía;
mis compatriotas quienes entienden
que el respeto hacia los demás es esencial.

Al legislarlo todo, los Estados van limitando cada vez más
la libertad de los ciudadanos. Y los ciudadanos ni cuenta se dan.

Más antigua que la humanidad es su violencia.

Se madura en cuanto nos vamos tornando más concientes
de lo que pensamos y sentimos
y especialmente de por qué lo pensamos y sentimos.

Las revoluciones en países en vía de desarrollo suelen iniciar
con nobles ideales de libertad y tienden a converger
en un dictador demagogo adueñado del poder
que restringe todas las libertades
para proteger a la mal llamada revolución.

Existen comunidades muy pobres y no por ello son violentas,
en comparación a otras que teniendo más posibilidades si lo son.
La pobreza espiritual -no tanto la material- la inconsciencia
y falta de inteligencia son causa de la violencia.

No lleguemos a viejos sin aprender nada.

Cuando la justicia es todo menos justa,
nada más barato que un testigo falso.

Al individuo con falta de criterio y carácter
toda opinión le parece fantástica
porque en lugar de tomarse la seria tarea
de sopesar las consecuencias de las ideas,
le parece extraordinario estar a la moda.

Buena actitud y hacer la tarea a la perfección,
no es suficiente en la organización moderna;
la política es fundamental.

Es valiente hablar
con sinceridad de sí mismo.

Para comunicar el contexto y circunstancias
es necesario ser repetitivo.
El contexto es parte principal del mensaje.

La esencia de las cosas es su esencia,
independiente de los adjetivos con que se les califique.

Si se dice que el líder es bueno pero su gente no;
lo más probable es que el líder es incompetente
y su gente cumple con la misión elemental de remedarlo.

Nuestro destino es nuestra responsabilidad
pero lejos de estar
y ser libre de las interferencias ajenas.

Nada mejor contra la envidia que emocionarse genuinamente
por las cosas gratas que le suceden a los demás.

Los perversos sometidos
parecen almas de la caridad.

Triste y vana la vida cuando nada fructifica,
no nos marca ni nos mueve
y soportamos pasivamente cualquier influencia.

Los periodistas nos tienen acostumbrados a las malas noticias
y el público ya no cree que una buena noticia sea noticia.

Parte de la razón por la cual se le paga a los servidores públicos,
y especialmente al presidente, es para que representen
lo mejor de las cualidades de sus gentes.
La corrupción se abre paso cuando
fallan en esta obligatoria tarea.

They taught me that life is difficult and that is a fact to accept,
nevertheless, I believe that an essential part of life is to try to
make it easier for us and our love ones.

El egoísmo es fundamento inherente de la maldad
y sus derivaciones terminan siendo la debacle de los malvados.

La libertad no consiste en decidir sobre los factores exógenos que afectan
nuestra vida sin posibilidad de poder modificarlos, pero si, en influir
y decidir, y cambiar activamente aquello que si podemos transformar.

La excusa para la violencia es creer
que lo que se detesta hay que eliminarlo
en lugar de detestarlo.

La esperanza en el porvenir consiste
en que todos se merecen un futuro mejor.

Parte indispensable de un buen matrimonio es tener la paciencia,
valentía y sabiduría de no pelear por pendejadas. Desde luego
es esencial tener en cuenta y entender que las personas evolucionan
y la vida está inmersa en pendejadas.

La victoria es convencer al enemigo,
y es la única forma de vencer de manera pacífica y sostenible.

Un pueblo pacífico es un pueblo con esperanza;
un pueblo con esperanza tiene la posibilidad de vivir en armonía.

La gente toma decisiones
y luego como tontos
reniegan de su suerte y existencia.

El tiempo libre en malas manos es miseria.

Se construye civilidad en la medida en que los derechos, las oportunidades y
obligaciones abarcan a una mayor proporción de la población de forma cierta.

Parece que Colombia fuera la fuente por excelencia
del género de la tragicomedia del absurdo.

La gente confunde fácilmente subordinación por amistad,
miedo por respeto y obligación por voluntad.

El político corrupto es experto en hacer creer
que soluciona problemas del presente
cuando en realidad no son sino la cuota inicial
de los atroces desastres futuros,
condenando al pueblo a cadena perpetua de ignominia.

Living an idle life is far from being risk free.

I need not change but to be. The only change is to be.

El empleado que hace la tarea está en seria desventaja
con aquel que únicamente hace política organizacional.
Sobra decir, que al segundo le tiende a ir mejor que al primero,
en aspectos de reconocimiento y visibilidad.

La campaña política consiste en ofrecer todo aquello que electo el político,
jamás podrá entregar y rechazar todo aquello que una vez en el poder
no titubea en aceptar.

El sueño comunista es el opio del pueblo. Los pseudo líderes revolucionarios
saben bien como suministrarlo al paciente terminal.

Hay personas que es peor tenerlas de amigos que de enemigos; y viceversa.

Si todos hacen lo que quieren, pero de manera conciente y responsable,
es posible obtener interacciones francas y maduras.

Un ambiente mediocre es el paraíso del tonto.

Cuando la sociedad sienta precedentes
de sumisión y entrega ante los malvados,
declara su espíritu servil y claudica ante la injusticia
y la oportunidad de esperanza de libertad futura.

El mayor estado de indefensión es el de no tomar decisiones.

Si todos sus sueños son pesadillas,
lo más probable es que sueñe con la realidad latinoamericana.

El ser humano que mira al cielo jamás agota su esperanza.

Al observar la historia es claro que la violencia
ha minado las posibilidades de cambios benéficos para la humanidad,
perpetuando la miseria de la gran mayoría.

La interminable violencia en Colombia revela y presagia
que los colombianos no se identifican, ni se reconocerán jamás,
con sus conciudadanos. Cada cual ve un deber ser de país distinto.

Hablar en abstracto es especialidad del político,
porque éste bien sabe que hablar en abstracto
no genera responsabilidades ni consecuencias.

Podrán decir lo que quieran de la propiedad privada, pero estoy seguro
que todos queremos un cepillo de dientes propio y de uso exclusivo.

El ser humano no nace libre;
se hace libre si logra ser sí mismo y vivir como tal.

La vida, si pudiera, coparía el universo entero.

A veces me pregunto; ¿Qué será lo último que escriba?
Si llega ese día, me prometo re-escribir todo lo que he escrito.

En este tiempo no sorprende que se publiquen
"Obras Completas" de autores vivos.

La honestidad no se genera espontáneamente entre o con leyes.
La Ley no produce ni hace buenos ciudadanos per se.

Triste que la sociedad arrodillada
termine dándole las gracias a los malvados
por ser un poco menos perversos de vez en cuando.

Existen abogados especializados en defender a los injustos
y lograr que sus actos parezcan justos.
Me pregunto qué ética los cobija.

Si la gente entendiera que perdonar es un acto egoísta, perdonaría más.

Al mal periodista lo complejo se le imposibilita
y por ello anuncia con entusiasmo lo confuso.

El problema del envidioso es que prefiere que se elimine del universo
aquello que envidia, antes que presenciar que otro lo disfrute.

Lo importante no es lo que escribo,
sino lo que busco comprender cuando escribo.

¿Qué el crítico es objetivo?
Deja de serlo tan pronto critica.

La gente que se preocupa por decir cosas inteligentes suele decir boberías.
Decir lo que se siente, sin herir a los demás, es lo único inteligente.

El periodismo en Colombia no explica ni profundiza;
escasamente narra.

Hay que aprovechar
que las ideas se fermentan con los días.

Las personas y las organizaciones tienden a evolucionar pasando
de lo simple a lo complejo, haciendo más enredadas sus interrelaciones.

Es mucho más temerario y difícil confiar que celar.

Amar justifica la existencia.

Nos guste o no, hay que escoger caminos, amistades, propósito y destino.

El miedo es fiel compañero de las decepciones.

Los periodistas deberían preguntarse
si las noticias que presentan son realmente las que importan.

El problema de los derechos es que son infinitos para el ofensor
y nulos para el ofendido. Viceversa para las obligaciones.

El mal gusto no sólo es de mal gusto, sino que resulta más costoso.

Los sueños y las metas deben tener oportunidad
de ser realizables y alcanzables, de lo contrario son bobada.

Letting go is only as hard as having the courage
of starting the search of new options.

Los costos ocultos de la ineficiencia
son colchón de plumas para el letargo del burócrata.

La Ley debiera ser la religión de los justos.
El respeto por los demás y la consciencia
de los derechos su liturgia.

Repartir miseria es oficio corriente de demagogos;
repartir riqueza es arte de gobernantes serios y honrados.
Los demagogos son expertos haciendo promesas,
únicamente los líderes serios prometen y cumplen.

El colombiano se deja llevar por los políticos corruptos
como el pasajero atolondrado, pero aterrorizado,
que es conducido por el chofer ebrio.

Cuando se está convencido de sus razones,
hasta la soledad es un aliado.

Quienes ven la historia de un pueblo como paralelo de la de otro,
le niegan a ambos su individualidad.

Decir que hay libros inteligentes supone que el autor y el lector lo son.

El respeto no está en los adjetivos sino en el trato.

Cuando se vive y se lee no sólo es fácil escribir, sino necesario.

Justicia no es sólo que no se cometan injusticias en contra del inocente,
sino que exista de forma cierta, derecho con responsabilidad y oportunidad,
y obligación con voluntad.

El problema del Estado latinoamericano
es que llama funcionarios a sus servidores públicos.
De entrada éstos no sirven, sino que atropellan.

El crítico idiota es incapaz de ejecutar,
únicamente es capaz de criticar.

Las cosas son factibles cuando se cruzan la necesidad con la posibilidad.

La forma de obtener la victoria es estar convencido
y sentir que la única opción es ganar:
quemar las naves para no tener opción de retorno.

Al menos una pizca del Creador
está en todo y todos nosotros.

Desde luego que el problema es que nos afecte o nos importe algo.
Aún más problemático es que tardamos en reconocer
que algo nos afecta o nos importa.

Hasta el más malvado y más bueno tiene amigos y enemigos.
Cada cual resulta con amigos y enemigos en donde menos espera.

Hay que entender que una necesidad primordial
es cuidar el cuerpo de por vida.

Para anticipar el futuro se requiere iniciar
su construcción desde ahora.

We find dull that, that we are not passionate about;
and dullest the things we do not love.

La posesión no puede ser el objetivo del amor,
por cuanto ésta sofoca cualquier alma libre.

Si la finalidad de la política es ostentar el poder,
el político es un esclavo que una vez liberado
regresa a servir a su amo, ya no como una obligación,
sino por la ignorancia y el pánico de no saber que más hacer.

La verdad se esconde entre el tiempo,
los gestos, palabras y acciones.

El amor y el perdón nos salvan.
El perdón a quien amamos nos redime y libera.

There is only so much we can do
before the tide starts to turn.

La vileza de la mala prensa no tiene límite.

El primer sentido que hay que tener y desarrollar
es el sentido de la oportunidad. Sin éste, ningún éxito es posible.

Quien no lee en voz alta, no lee.

Hacer lo que no importa con afán
y lo importante con paciencia y en tiempo,
es secreto de una vida tranquila y feliz.

El oasis de la sabiduría es cuestionarse.

No soy buen hincha de la selección de fútbol de mi país
por franca apatía que le tengo a las desilusiones.

Los países con gobiernos revolucionarios suelen exhibir
formidables ejércitos, monstruoso armamento, extremo
adoctrinamiento, muchos enemigos internos y externos,
grandes penurias, poca comida y nula libertad.

Para un buen gobierno todos deben contribuir;
desde el servidor público hasta el ciudadano,
pasando por el periodista.

A veces creo que la única razón de que algunas cosas
se hagan bien en Colombia es producto puro de la feliz terquedad de pocos.

La gente sólo piensa en optimizar
cuando son éstos quienes directamente
deben hacerse responsables de los entregables.

La justicia es el primer y más importante bien político.

Nada mejor que cuando el dolor desaparece.

El mal periodista concluye antes de informar.

Desde luego que es más agradable hacer negocios con amigos,
pero la verdad es que lo habitual es que la contraparte no lo sea.

Escribo por obstinación más que por virtuosismo.

La noticia precede siempre a la presunción de inocencia,
y la sociedad sumisa no le reclama a la prensa tal tergiversación.

Difícil, tanto para jóvenes como adultos, entender y sentir la realidad,
si son criados por la televisión. No creo que la vida se parezca
en lo más mínimo a la televisión; ni en lo bueno ni en lo malo.

In business, the important thing
is not what you make, but what you can sell.

Lo descabellado suele ser la opción más realista.

You are good at it,
when you have fun at it.

Los revolucionarios latinoamericanos no son tales,
puesto que la revolución requiere de movimiento continuo.
El revolucionario latinoamericano tiene como objetivo
cambiar el status quo para implantar el suyo.

El primer gran defecto del carácter es querer suplantar su propia esencia.
No por no ser esto posible, a pesar de ser poco probable en la práctica,
sino por la infelicidad que se causa en el intento, a uno mismo y a los demás.

No sé si lo mejor o lo peor, que le pueda suceder a un escritor,
sea que el lector entienda exactamente lo que escribió.

Si adicional a tener una pésima infraestructura vial, los conductores manejan
como imbéciles, no importa qué tantas vías se construyan, el trancón siempre
será colosal debido a la descomunal capacidad de los ineptos de entorpecer.

Seríamos más felices si entendiéramos y creyéramos,
que lo importante es lo único que debe hacerse.

En este tiempo es más sencillo y barato adquirir belleza que cultura.
De hecho la nueva cultura es la belleza.

Existe un problema inherente con la represión y es que tarde o temprano
alguien la enfrenta y con alguna suerte elimina al opresor.

El problema no es la estupidez hecha,
sino persistir en ésta.

Los activos más rentables de una organización son aquellos que entran
y salen todos los días en forma de trabajadores capaces que obtienen
con rigor los resultados.

Ningún pueblo es conciente, ni sabe,
cuando va a ser conquistado.

El hecho de competir no significa llegar de primero,
lo único que si significa es que tendrá que competir
con otros que seguramente retrasarán su impulso.

Es posible que el lector encuentre aquí reflexiones que no hacen sentido,
pero es que en la vida es poco lo que hace sentido realmente.

To gather is also a way of creating order and simplicity.

Para el oficinista promedio, su mundo se reduce a un piso
y su ciudad a un cubículo.

Ciertos pseudo líderes, al igual que los políticos demagogos,
al no poder convencer optan por confundir.

Se deja de ser paciente con la gente que se ama
cuando se quiere verlos como si fueran perfectos.

Los tabúes hacen que no pueda haber solución posible
para los problemas sociales.

No tener opción es sinónimo de esclavitud.

Lo que a su jefe no le urge,
al funcionario no le afana.

Nada más catastróficamente trágico que un suicidio fallido.

La literatura se declara victoriosa ante el cine
porque cuenta como aliado con la infinita imaginación del lector.

Escribir bien no es tanto encontrar la palabra perfecta, como la precisa.

El colmo de la justicia es que se encarcele para investigar
en lugar de investigar para tener suficientes
y contundentes pruebas para encarcelar.

La paciencia, planeación cuidadosa y tiempo suficiente
son materia prima de la calidad.

En las organizaciones el manejo de gente suele tener
una transparencia un poco turbia.

En lugar de hacer costumbre el cumplimiento de la Ley
para que los ciudadanos vivan en un Estado de derecho,
el pseudo revolucionario prefiere volver ley
las costumbres injustas y ruines.

El éxito en la vida es la suma de pequeñas victorias diarias.

Los ciudadanos deberían al menos ser concientes
de la libertad que pierden al elegir políticos mentecatos.

Alguien siempre termina pagando
las demoras y torpezas de los otros.

En la victoria pululan los pseudo líderes,
mientras la derrota tiene tendencia a ser solitaria.

Se aprende más de los fracasos que de los éxitos,
tanto propios como ajenos.

El pseudo revolucionario despotrica del status quo
del cual si pudiera beneficiarse, para ser el protagonista de sus favores,
aceptaría sin parpadear.

Para la violencia, la paz es caos.

Ayer, al igual que hoy, sigue siendo válido comprar la libertad con dinero.
Aunque hoy no es posible sino adquirir una falsificación
o por mucho un remedo de libertad y con suerte algo de autonomía.

Los falsos líderes creen que su liderazgo fabricado es el que motiva
a las personas a lograr lo imposible sin percatarse siquiera
que su ineficacia ha sido contrarrestada milagrosamente
por individuos altamente motivados que hacen con rigor lo que se requiere.

Especializarse genera en las personas el riesgo de tornarse monotemáticas
hasta en sus interacciones sociales.

Nada más frágil que la memoria de los pueblos oprimidos.

El cobarde silencio ante las injusticias es cómplice de los injustos.

Se que la justicia de mi país no puede proteger mis derechos
pero le suplico que al menos su inoperancia no ayude a los malhechores.

Conversar y dialogar hace sabios

Los malos recuerdos pobremente manejados
atormentan en lugar de educar.

Están los malvados, los idiotas útiles y los idiotas
útilmente administrados por los malvados.

Me gustaría pensar que al envejecer es más lo que ha evolucionado
y para bien, mi espíritu e intelecto, que las arrugas en mi piel.

A veces lo peor que le pueden hacer a alguien
es calificarlo de extraordinario, porque le elevan su estándar.

El problema de los vicios es que libremente nos convertirnos
en esclavos de algo que nos consume.

Siendo objetivos y realistas
el único sentido que tiene la vida es el que nosotros le damos.

La cura contra el aburrimiento es hacer las cosas con pasión.

Los cementerios de los héroes caídos deben estar cerca de los ciudadanos
y aún más cerca de quienes gobiernan, legislan y juzgan; para ser siempre
un recuerdo adusto de los sacrificios que se han hecho para que los demás
puedan disfrutar de la libertad y un Estado de derecho.

Se dice que las cosas tienen futuro, pero el futuro no llega.

El mundo es de locos;
la gente no sabe ni siquiera que le conviene.

Una persona que no tiene nada que perder,
o así lo cree, es muy peligrosa.

Lo primordial de los sueños es que sean realmente propios
y no expectativas comunes impuestas
por el establecimiento y los demás.

La vida, en últimas,
es cuestión de fe.

¿Habrá algo más urgente en la vida que ser feliz?

La noticia periodística sin análisis sólo produce ruido ensordecedor.

Mantener el foco es un comportamiento muy poderoso.
Su ejercicio, aunque difícil, es gratificante.

Nos guste o no, en la batalla de la vida,
hay que tomar bando y no es posible huir.

¿Qué respuesta debe tener la sociedad para quienes
han violado de forma vehemente todas las normas?

La gente quiere derechos sin obligaciones,
paz sin haber luchado por ésta.

Si Miami es la capital de Latinoamérica tendría que decirse
que el ambiente rural no se parece en lo absoluto a la ciudad.

Una parte fundamental de la existencia
es la tolerancia a superar los constantes fracasos.
Gran parte de la vida es perder, pocas veces ganamos realmente,
y en todo caso, el tiempo siempre está en nuestra contra.
Aunque cada día de vida y de salud es una ganancia inmensa.

Los valores morales lo son
cuando han pasado la prueba de las penurias y el tiempo.

Existen vicios peores que no tener los vicios tradicionales.

Lo expreso mejor cuando lo escribo, lo entiendo mejor cuando lo leo.

Hay gente especialista en hablar desde el lujo
de no tener que enfrentar la crisis.

No existe diferencia entre la acción de la policía en uno u otro país.
La diferencia con Colombia radica en que se le llama y ésta no acude.

El periodista participa en la cacería de la noticia del día
y por ello es un ente sin memoria de las noticias importntes pasadas.

Uno es su salud.

El vivir en el subdesarrollo nos obliga
a pagar una y otra vez la incompetencia
del Estado y sus autoridades.

Lo mínimo que se espera de la noticia
es su veracidad.

El fanatismo tiene el poder de eliminar con un soplo la civilización entera,
por ser una visión parcializada que siempre incentiva el odio
a quien profesa una manera distinta de pensar.

En Colombia, como el legislador no ha sido capaz de legislar,
le ha entregado carta blanca a los jueces para que lo hagan.

La primera adicción de cualquier ser humano es su adicción al hábito.

El mayor enemigo de la sostenibilidad
es la falta de foco.

Creo que concientemente todos necesitamos guía
e inconscientemente queremos dirección.

Hay sistemas que tienden a funcionar mejor y estar bajo control
cuando nadie interviene para intentar falsamente controlarlos.

La maldad es proporcional
a la cobardía del malhechor.

El que no detesta la maldad humana cree ingenuamente que la humanidad
no son ni sus individuos ni las acciones de éstos.

Si el fanatismo es peligroso,
el fanatismo nacionalista y religioso es superlativo de peligro.

Agradezco a los escritores de todos los tiempos quienes me han ayudado
con sus palabras a encontrar las mías.

El ser humano moderno deja de existir
en cuanto en él se despiertan sus miedos ancestrales.

Ni siquiera la falta de recursos
es obstáculo para el mal gusto.

Pareciera que la humanidad
es a la vez sinónimo y antónimo de la esperanza.

Cualquiera que desconfía de la humanidad admite, y con razón,
que el individuo no la representa.

En la democracia colombiana algunos padres de la patria
parecen ser menos que un mal padre adoptivo del pueblo;
ni lo acepta, ni lo interpreta y mucho menos lo quiere.

El problema de la estupidez
es que va adquiriendo confianza.

Lo más sabio que se puede hacer es aprender
y confiar en la sabiduría de las personas inteligentes.

El problema de construir una vida con mentiras, concientes o inconcientes,
es que es tan maciza como un castillo de naipes.

La irresponsabilidad del demagogo fascina al elector imbécil.

Stick to your ideas, but without being stubborn…
life can easily prove you wrong.

No todos los que saben están en capacidad de enseñar
y no todos los que enseñan saben.

Es más fácil salvar a otros que a uno mismo.

Para mejorar y crecer debemos hacer visibles,
ante nuestra indiferente mirada de nosotros mismos, nuestras debilidades.

Colombia es la demostración práctica
que el ciudadano que se somete a la legalidad
es quien paga a expensas de su porvenir
la estupidez del Estado
y las fechorías de los malhechores.

El inepto añora el progreso si no hay cambio,
y el status quo si lo hay.

La libertad está lejos de ser libre
de un gran precio y responsabilidad.

La Ley por sí misma no soluciona problemas
ni le trae porvenir a un pueblo.

¿Qué tenemos, sino fe? ¿Qué nos queda, sino fe?

No hay que engañarse;
el tiempo no soluciona lo que no tiene solución.

El camino más eficaz hacia la autodestrucción es el odio.

Para lograr la paz, y especialmente la armonía,
se requiere encontrar la fórmula para hacer más rentable la paz que la guerra.

La cautela en el amor
implica el riesgo de perderlo.

Pienso que el único fanatismo válido es el de interesarse por el porvenir;
interesarse por el porvenir significa interesarse por todos los aspectos relativos
a la vida y la felicidad.

Que tristeza utilizar la memoria y la imaginación para sufrir.

Si en aras de la paz, se sacrifica la dignidad,
el remedo de paz logrado ya no tiene objeto.

La libertad de expresión le pertenece más al individuo que al periodista,
más a la sociedad que los medios.

Lograr la madurez en la vida
es conseguir disfrutar sinceramente
de todo lo que se hace.

Los apaciguadores son más peligrosos y causan más daño
que los mismos perversos.

El mayor súper poder al que se puede aspirar
es el de ser invulnerable a la crítica.

Para aprender de los errores se requiere tener memoria;
por eso existen pueblos que repiten una y otra vez sus tragedias.

Live is not about what you are supposed to do,
but about really understanding who you are and what your dreams are.

Nuestra esperanza es la única garantía auténtica de libertad.

El pueblo, así como cualquier individuo,
tiene el derecho a la justa felicidad de ver desaparecer a un tirano.

Los impuestos son como la muerte;
siempre acechando.

La paz sin armonía es un ridículo artificio.

Así como el universo tiende al caos,
la sociedad y las organizaciones tienden a la anarquía.

Es una bendición
ser educado por los abuelos.

El secreto del éxito radica en enfocarse con alma,
corazón y vida a algunos pocos objetivos.

La violencia no es más que la compensación
de la falta de afecto y atención que el individuo ha sufrido.

Hay personas especialistas en atinar al error.

La valentía tiene algo de estupidez,
aunque la estupidez no tiene nada de valiente.

Si cree que su felicidad depende de los demás,
haga lo único que depende de usted;
rodearse de personas que lo hagan feliz.

Si lo práctico y eficiente va en contra de los sueños e ilusiones,
deja de ser práctico y eficiente.

El problema que enfrenta hoy se debe a la decisión equivocada
que tomó hace un tiempo. La causa y el efecto de los problemas
graves están separadas en el tiempo.

La dignidad, la nobleza, la inteligencia y el buen humor
nos hacen jóvenes a pesar del paso del tiempo.

Lo único que puede llegar a ser auténtico
en esta vida es uno mismo.

El camino más directo hacia la pobreza
es ahorrar o gastar en lo que no conviene.

Es más aterrador para el contrario,
cuando alguien hace algo en razón a sus principios.

Para el ciudadano justo, el infierno no es solamente el hecho
de estar rodeado y a merced de los inadecuados y hampones,
sino el tener que soportar la justicia inoperante.

Lo que he aprendido al recorrer el camino,
con todas sus vicisitudes, peligros, fracasos y recompensas,
es que quiero que esta senda continúe indefinidamente.

El mal periodista no conoce de escrúpulos o de ética
si de generar la noticia escandalosa se trata.

El buen ciudadano entiende que las injusticias
no pueden irritarlo tanto como para convertirse él en injusto.

Lo esencialmente humano
es lo que nos acerca a lo divino.

Se debe orar, especialmente,
para mantener siempre fuerte
nuestra fe y esperanza.

Si renuncio a lo justo de defender mis derechos,
estoy sembrando una herencia de injusticia
y ya mis nietos están perdidos.

Es notorio, al tratar con alguien,
percibir si fue educado con afecto.

Good or bad, to fulfill your destiny,
you need to take your own decisions.

Es posible que dar explicaciones sobre lo que escribo,
arruine la ilusión del lector
y mi ilusión de ilusionar al lector.

Prefiero el entusiasmo inútil
a la arrogancia de éxito cierto.

Más que visitar la felicidad
se debe procurar morar en ella.

Para los que creen que su vida no les pertenece
el suicidio resulta en voluntad suprema.

Sólo entre iguales surgen amistades duraderas y sinceras.

La perfección no tiene más manera de ser alcanzada
que como sumatoria de imperfecciones.

Parte fundamental de una vida sana es la rutina y el hábito.
Sólo el tonto cree que no es así.

El problema del lugar común no es la idea,
sino el imposible de hacerlo realidad para disfrutarlo.

Por fortuna la mediocridad del perverso
es su mortal enemigo.

La inteligencia arrogante causa soledad,
mientras que por definición la estupidez congrega.

En cualquier tiempo, el régimen más aterrador
lo produce una justicia sesgada o inoperante.

Cuántas veces con el propósito de lograr la paz con los perversos,
las sociedades deben acallar sus principios morales.

Mi estrategia de vida es muy simple:
necesito y debo ser feliz.

Es el entendimiento de las sutilezas
el que hace viable una buena relación.

La posteridad de nuestros actos
nos condenará o redimirá.

El afán para el colombiano es algo patético y voluble,
si se trata de entorpecer o retrasar al otro,
se afana con gran ánimo.
Si se trata de alcanzar sus metas
y bienestar no tiene ambición
e interés alguno.

Creo que si la gente se apasionara por la vida
se daría cuenta que ser feliz es muy simple.

La mayor estupidez en la vida
es soportar las estupideces de los estúpidos.

Cuando se tiene claro qué es lo importante,
las decisiones sobre lo que debe hacerse son fáciles de tomar
y hacerlas realidad es aún más simple.

Respetar la Ley no lo hace buen ciudadano,
es respetar al otro lo que lo convierte
en un ser adecuado y ciudadano de bien.

Es tan valioso aquello que se hace
como aquello que no se hace
o deja de hacerse.

Lo complejo no hace camino práctico,
lo simple tiene mayor oportunidad de ser
y hacerse real.

Hay momentos en que, paradójicamente, no hay más remedio
que imponer la paz mediante el uso de la fuerza.

Es cierto que hay individuos cultos violentos,
pero de seguro hay menos individuos incultos
que propenden por vivir armoniosa y sosteniblemente.

La guerra es tan antigua como la humanidad.

A sure path to unhappiness is to be obsessed with the destination
while taking no delight in the journey.

Asumir el riesgo es una cosa, asumir las consecuencias de haber tomado
el riesgo es otra muy distinta; las personas, con delirante entusiasmo,
están dispuestas a asumir lo primero y desconocer lo segundo.

Es injusta la justicia cuando el victimario tiene más garantías que la víctima.

Como los Estados son incapaces de educar y castigar a los inadecuados,
optan por eliminar nuestros derechos naturales. Estamos entregando
en forma acelerada nuestros derechos por culpa de la descarada estupidez
de los inadecuados y la negligencia de los Estados.

Hay ciertos hábitos que más parecen vicios.

La historia ha dado su veredicto; no han existido regímenes comunistas
que respeten y protejan los derechos humanos de sus gentes.

Nuestros fracasos, y especialmente nuestra reacción a éstos,
revelan más de nosotros que nuestros éxitos.

Un código moral basado en el castigo es infértil.

Aquello que nos hace exitosos
también es fuente de vulnerabilidades.

En estos tiempos, la noticia periodística por definición
consiste en narrar tragedias.

Si su meta en la vida es como no ser alguien a quien detesta
o por quien se siente avergonzado,
entonces su destino es inútil y estéril.

La diferencia entre el buen periodista y el mediocre,
es que el primero entrega y analiza la noticia trascendente
y no simplemente cotorrea la pseudo noticia del día.

Cómo permanecer rígido y sin transformarse
cuando la realidad nos abofetea diariamente
con flexibilidad y evolución.

La entereza moral no consiste en seguir ciega e inflexiblemente un código
impuesto sino en tener el valor de cuestionar su relevancia,
validez y confrontarlo con la realidad.

Puede que no esté de acuerdo conmigo
pero al menos ya estamos de acuerdo en el desacuerdo.

La suma de debilidades no produce fortaleza.

El deber social del gobernante es proveer a los ciudadanos
de un ambiente seguro, salud, vivienda y educación digna
y evitarles la maldición de que desperdicien su vida en el atroz tráfico.

Los impuestos más caros para el ciudadano
son la inseguridad y el perder su vida en un trancón.

Lo primero que debe enseñárseles a los conductores es referente
a la teoría de colas y como el tiempo perdido no sólo es irrecuperable
sino que ello afecta a todo el sistema.

El problema inicia su existencia en cuanto se conoce.

Es posible que las ilusiones sean ilusiones, pero son maravillosas.

Los milagros se realizan siempre y cuando tengamos fe en ellos.

La especulación mueve el mercado tanto o más que la oferta y la demanda.

Hay que desconfiar cuando el Estado socializa las pérdidas
en la época de vacas flacas y privatiza las utilidades
en la época de vacas gordas.

La ignorancia del pueblo es la fortaleza del mal periodista.

Hay algo esencial y básico que no solemos hacer
con el esmero que lo requiere: prestar atención.

Nada mejor para la humildad
que observar el firmamento en una noche estrellada.

Se juzga, legisla y gobierna con base en titulares de prensa
y no pensando en un porvenir sostenible.

Se requiere carácter para corregir,
para errar no se requiere nada.

El misterio de la vida consiste en entender qué es lo que se quiere.

Hay eventos tan tristes que parecen cómicos.

La humanidad siempre está viviendo en tiempos terribles
y cada generación se contenta ingenuamente
con creer que todo pasado fue mejor.

Al desposarnos con una teoría debemos recordar
que un único contra argumento es capaz de destruirla.

Si no sabe exactamente qué es lo que se quiere,
lo primordial entonces es reconocer que cualidades debe tener
aquello que se quiere.

Las personas suelen esperar a sufrir una crisis
para empezar a hacerse las preguntas fundamentales.

Si atormentarse fuera requisito para ser feliz,
buena parte de la gente lo sería.

Por principio general
ninguna máxima de sabiduría es absoluta.

Todo termina siendo relativo a sus circunstancias.

La búsqueda de la sabiduría es contraria
a la ciega adopción de reglas.

Es claro que la sabiduría es posibilidad de pocos
cuando la única forma de garantizar el porvenir
es la imposición de reglas.

Fuerte es quien tiene el valor moral de cuestionarse y reflexionar.

Ser fiel a sí mismo tiene un altísimo costo.

Inclusive hasta subordinar todo al porvenir
resulta inconveniente.

Nadie puede liderar a otros
si no los entiende.

Un líder es quien logra hacer una diferencia en la vida de las personas
con quienes interactúa dándoles esperanza en sí mismos,
auto conocimiento y haciéndolos entender sus verdaderas necesidades.

Las lecciones de vida más trascendentales,
las solemos recibir de aquellas personas que comparten
nuestras experiencias y vivencias.

No soy culpable de mi sesgo;
únicamente puedo pensar y actuar desde mis circunstancias.

Creo que al final, lo esencial para sentir paz espiritual,
es estar seguro de que nuestras acciones
son producto de decisiones concientes.

Si considera que está haciendo sacrificios,
lo substancial es entender por qué los está haciendo.

El ser fiel a sí mismo no hace la vida más fácil ni más feliz, sin embargo,
el no hacerlo nos haría insoportablemente infelices.

Qué mayor bendición sino vivir con determinación
la vida que se ha escogido.

El peor castigo es una denigrante vejez.

El alma siempre es joven
y anhela libertad.

Nada más inútil
que tomar medidas inoportunas.

Por el sólo diagnóstico el problema no se soluciona.

Una vez ocurrida una tragedia,
qué importa si se tenía la razón.

Lo primordial es el final feliz y armónico,
no que el principio lo sea.

Nos gustaría tener enemigos leales.

Qué más noble si no el sueño trivial que nos hace feliz.

En la memoria el fracaso se suaviza
y los éxitos se magnifican.

Por lo general todas las sociedades han y estarán siempre en crisis,
salvo por escasísimos períodos de estabilidad.

Aunque se acuda a los desvaríos fantásticos
nadie puede escapar a la inexorable ley de la realidad.

Rezar sirve de poco cuando concientemente
sabe que todo lo ha hecho mal.

Hay que tener el criterio suficiente para entender
que algo puede parecer magnífico en el papel
y ser un desastre en la práctica,
y viceversa.

Admirar nos ayuda a entender la cualidad que nos gustaría tener
y nos motiva a adquirirla. Envidiar nos hace odiarnos por nuestra
impotencia de no poderla poseer.

Es difícil cambiar de rumbo, especialmente porque nuestras
circunstancias y experiencias iniciales de vida han fijado ya una
trayectoria e inercia; en todo caso, siempre es buen momento
para modificar el curso.

Encontrar nuestro natural destino
nos hace reales.

El carácter y liderazgo se manifiestan con la persistencia del individuo
ante las adversidades y a pesar de que el éxito esté lejos de tener certeza;
se denota en el trabajar duro para tornar cierto lo incierto.

Es un sofisma creer que no hay que concentrarse en las pequeñas tareas.
Es la sumatoria de las pequeñas cosas bien hechas las que logran el éxito.

El sabio entiende las ventajas y beneficios de esforzarse
en ser un astuto observador.

Nuestra mente nos aleja de la realidad por cuanto tiene
la fuerte tendencia de imaginar un orden sobre todo lo que percibe.

Hay que dominar el embeleco
por concluir pronto.

Juzgando por la historia de la humanidad,
el ser humano nunca ha estado muy cerca de Dios.

Todo libro es tan inteligente como su lector.

Ser maestro de sí mismo es requisito indispensable
para ser maestro de otros.

En cualquier momento y como un ladrón en la noche
los retos surgen de forma inesperada para probar el carácter
de las personas y su capacidad de hacerse responsables.

Nada garantiza el éxito,
pero siempre existen formas de cargar los dados a nuestro favor.

No hay que confundir el liderazgo con el artificio
de aspirar a algo por tratarse de la expectativa del establecimiento;
un borrego no es líder, tan sólo es un borrego más.

La democracia no puede ser la oportunidad para la tiranía de las minorías
que saben cómo alzar su voz a costa de los derechos de la muda mayoría.

Algunas veces la cura es la enfermedad.

El averno es el hecho de no tener más opción
que la de vivir rodeado de cretinos.
Para el cretino ese es el paraíso.

Tragedia es estar condenado al éxito.

El hecho de estar en perpetuo movimiento no significa
que estemos logrando nada, salvo malgastar valiosa energía.

¿De qué huimos?,
¿Qué es aquello a lo que le tenemos pánico de afrontar?

El mayor peligro para la propia felicidad
es la de convertirse en perfecto actor
de un personaje creado por el establecimiento.

Lo que motiva a la gente es el sentimiento de aventura
para conseguir su libertad; no importa mucho el destino final.

La presión social
es un implacable y severo carcelero.

Fracasa quien no entiende a cabalidad
las consecuencias del estereotipo actual de éxito.

No creas que eres muy distinto a las personas
que suelen estar a tu alrededor.

La obligación más importante que nos debemos
a nosotros mismos y a los otros es la de ser sinceros y realistas.

Únicamente me conocí cuando te conocí.

Hay que reconocer que no es conveniente para la salud mental
rodearse de individuos egoístas y envidiosos.

Con todo y con todo, ahora soy más feliz
en la medida que soy más libre.

Para triunfar se debe entender que hay que decirle no
a la inmensa mayoría de actividades
y ser diligentemente selectivos
al momento de asumir responsabilidades.

Disaster is when our hopes rest upon the wrong people.

Hay personas y recuerdos que sólo merecen el olvido.

Si hubiera preguntado más,
en este momento sabría más.

Cuando en un negocio alguien se las quiere ganar todas,
lo único que logra es que todos pierdan.

Aprender a valorar y agradecer son causa de felicidad.

Nada más contagioso que la estupidez.

Definitivamente no se puede ser generoso en los elogios
porque algunos se lo creen.

Ocio no es igual a desocupación.
El ocio puede ser catalizador de la creatividad,
la desocupación tiende a producir cretinos.

La ventaja está en competir con lo que el otro no tiene ni puede ofrecer.
Es inútil competir con la misma cualidad.

El apaciguamiento resulta solamente
en el aplazamiento de una guerra
que será cada vez más cruenta.

Hay personas patéticas que gozan siendo infelices.

No por el simple hecho de que algo se promulgue como ley
significa que es coherente, está bien o es útil para el porvenir de la sociedad.
Todas las sociedades se encargan de promulgar leyes majaderas.

Quien no sabe afrontar la derrota
mucho menos sabrá que hacer con la victoria.

A la gente hay que prestarle tanta atención como se merecen.

La historia evidencia que vence el más motivado
y no necesariamente el más fuerte.

Prejuzgar es simple, especialmente
cuando nunca se ha estado en la situación que se juzga.

Colombia vive una tragedia imaginando que es una comedia.

No existe futuro sin presente, así como no tenemos presente sin futuro.

Tú eres la mujer de mi vida porque eres tú
todas las mujeres con las cuales he soñado.

Un líder enseña permanentemente.

Lo principal es reconocer que necesitamos ayuda,
una vez hecho esto, la solución está a nuestro alcance.

Solemos olvidar la innata y maravillosa capacidad de sorprender.

Hay personas adictas
a los conflictos.

Las organizaciones viven en un mundo de ilusiones
y promesas incumplidas.

Si vas a botar el dinero,
hazlo con estilo.

En comunicación, la forma es el fondo.

Siempre es necesario tomar la iniciativa
para lograr el cambio.

En la vida se fracasa únicamente cuando se agota el tiempo.

Desde que el ser humano inventó la rueda
y descubrió la forma de hacer fuego
ha logrado que ambas ideas evolucionen de forma exponencial;
sin embargo el ser humano no ha evolucionado en lo más mínimo.

El único que aprovecha una crisis
es el que tiene dinero en la mano para salir de compras.

Todas las noticias tienen una importante dosis de imaginación periodística.

Cuando se tiene clara una visión de futuro
es posible vencer todos los obstáculos.

Corta de raíz la sostenibilidad de una sociedad
cuando los egoístas e ignorantes se creen con derechos ilimitados.

No es que no sea obediente,
lo que pasa es que no me dan las instrucciones apropiadas.

Habría menos conflictos en el mundo si cada individuo entendiera que no es
el centro del universo ni que sus derechos son los únicosque deben respetarse.

La verdad os hará libres tanto
como os hará esclavoscs de sus consecuencias.

Obedecer a cualquiera resulta equivocado.

Los pueblos no son capaces de diferenciar entre
un líder que encarna la esperanza y un político populista,
por eso siempre eligen al segundo y aborrecen al primero.

Pocos se hacen las preguntas importantes.
Aún menos tienen el valor de contestarlas con sinceridad
y actuar en consecuencia.

El egoísmo, en sí mismo, es insostenible.

Usualmente el crítico no es buen ejecutor
por su innato objetivo de querer vivir en lo que éste considera el deber ser
y su incapacidad para materializar sus sueños.

Peor que no saber nada de algo es saber un poco y sesgarse por ello.

El mejor manejo del cambio
es aquel en el cual sólo hay ganadores.

En ocasiones necesitamos que alguien nos escuche
por el simple hecho de que no nos vean hablando solos.

Existe algo estructuralmente mal en una sociedad
cuando el que reclama respeto por sus derechos
es tomado por conflictivo.

Con el pasar del tiempo te das cuenta que los problemas de ayer no son
ni la sombra de los de hoy. Y también te das cuenta que con foco y pasión
alguna solución se encuentra.

Quien se burla de las desgracias ajenas
es un tonto en la superficie
y cruel en el fondo.

Hay dos tipos de personas que nunca fracasan;
los que nunca emprenden nada y los críticos.

La rutina mata lenta e inexorablemente la creatividad.

Todos se creen aptos para opinar de lo que desconocen.

Si hay personas que merecen el respeto y admiración de sus conciudadanos
son los individuos cuyo trabajo es recolectar la basura que producen las urbes.

Europa tiene culturas e idiomas diferentes, han estado en guerras
a lo largo de los siglos y aun así han sido capaces de formar una comunidad
en la que optan por compartir una visión de futuro.
Los países de Hispanoamérica comparten una historia, cultura e idioma
y no son capaces de entender que su futuro
depende de su capacidad para formar una comunidad.

Las organizaciones fallan cuando sus individuos no entienden que existen
funciones principales, funciones de apoyo y funciones de apoyo al apoyo
como recursos humanos. Como tal, las muchas funciones de soporte
deben estar subordinadas a las pocas principales.

La esperanza es una necesidad inevitable.

Observamos lo querido con ojos bondadosos e indulgentes,
mientras que lo que detestamos se desprecia sin razón.

El problema de rodearse de individuos egoístas
es que somos víctimas de su fascinación inconciente
por lograr que otros se sacrifiquen sin chistar por ellos.

La historia parece dar señales que exclusivamente la pueden habitar
los muy buenos o los muy malos, y es enfática en que únicamente
recuerda a los muy malos.

El colombiano promedio cree que por el hecho de empujar
a quien lo precede en la fila, el tiempo del servidor disminuye.
Cuando hay voluntad todo es fácil.

No hay que confundir flexibilidad con falta de planeación.
Algunos jefes son unos artistas en el tema.

Tengo la fortuna de que siempre eres mucho más hermosa
que lo que mis recuerdos de ti imaginan.

Las cosas no valen en sí mismas;
todo depende del tercero que las aprecia o desprecia.

El problema no es el político populista
sino el ingenuo elector que le cree.

Ser realista es cualidad y a la vez defecto de pocos.

I can, will and must only extend my hand to you.
You must be the one willing to make the effort
to reach yours towards mine.

El activo más valioso de un negocio es la confianza.

Todo dura mientras se cuida, empezando por el amor y la salud.

Aunque detestemos la idea, cada cual,
es responsable de sus propios desastres y desatinos.

Soy adicto a la vida y la felicidad.

Nada más antirrevolucionario que una revolución en manos de un funcionario.

El ciudadano no debe conformarse
y vivir bajo el yugo de leyes y normas absurdas.
It should not be so difficult to understand
that we all share the same fate.

Los sueños, al igual que los miedos y pesadillas,
deben ser alimentados para que permanezcan vivos.

Nada es costoso si le salva la vida

Los cobardes resultan muy "valientes"
cuando ostentan el poder y la capacidad
de oprimir a los otros.

Qué sería de nosotros sin nosotros mismos.

Por definición los clientes del abogado penalista son culpables.
En estricto sentido, y si la justicia existe,
en pocas ocasiones atenderá a inocentes.

El trabajo del líder consiste muchas veces
en lograr el éxito a pesar de la gente.

Siente a dos compatriotas a hablar sobre cualquier tema
y tarde o temprano terminarán hablando de política
y de como arreglar el país.

Se gobierna con hechos, no con discursos.

Con liderazgo y ganas lo imposible se logra todos los días
y los milagros tardan un poco más.

A lo que más le temo es a la pobreza mental.

Lo más sano es no enfermarse.

Dicen que la paciencia hace verdaderos sabios,
también creo que mucha paciencia hace verdaderos idiotas.
No hay que confundir ganas con potencial.
Tampoco ganas con factibilidad.

El liderazgo es la capacidad de lograr
que las cosas se hagan a pesar de inmensas limitaciones.

Ojalá que la resistencia de la gente al rigor pudiera ser usada
para que abrazaran el rigor en lugar de apartarlo.

Un pueblo debe ser mayor a sus gobernantes
cuando estos no lo representan.

Lo primero que hay que confesar en cualquier relación:
no soy adivino.

Pocas cosas generan tanta humildad en el hombre sin dignidad
que una crisis económica.

No me gusta la gente que espera hasta el final para hacer las cosas
y por eso improvisa, preferible los que improvisan
desde el principio y con tiempo suficiente.

Si quiere que su problema se resuelva tiene que hacer
que su problema se convierta en el problema de todos.

En las ciudades sin un verdadero sistema integrado de transporte
masivo, no hay nada más privado que el monopolio del transporte
público que somete al ciudadano.

Honesto se es cuando cada palabra es una promesa.

La gente le tiene un miedo inconciente a ser feliz.

El mayor error es creer que va a tener más tiempo.

El secreto es ser uno mismo.

La esencia de la comunicación consiste en escuchar.

Looking back, I am almost sure that before I did not have a clue.
What guarantees do I have now that I have one?

La violencia no resuelve nada, así como rendirse tampoco.

El positivismo, al igual que el negativismo, se impregna en la piel.

La mejor estrategia es la que se basa en la verdad.

Para modificar la realidad debemos hablar, pensar y actuar
de una manera acorde a esa realidad que queremos construir.

Las convicciones son reales cuando se ponen a prueba.

Amar sin demostrarlo no es amar.

Parece obvio pero las cosas hay que hacerlas
y lo que se siente decirlo. Parece obvio pero fallamos en pensar,
hacer y decir lo obvio.

Lo genuino de nuestra personalidad e individualidad
no consiste en afirmarlo, sino en vivirlo.

2008

Poemas

"Lo que importa no es el verso que escribo,
sino la huella de palabras ajenas
que con él voy borrando dentro de mi."

- Cecilia Balcázar de Bucher

Baldíos

Ya no hay tiempo,
para el odio.
Hemos malgastado mucho,
tiempo,
en odio.

Renunciar
al rencor, la antipatía
la enemistad, al resentimiento
Y el desprecio

Aceptar
el afecto, la ternura
la admiración, el aprecio
Y el amor

Ya no hay tiempo,
para el odio.
Hemos malgastado mucho,
tiempo,
en odio.

2005

Enmienda

La hora del té pasada
con sus tazas servidas
y las sillas esperando

La cita no cumplida
por impuntualidad.
O por desdén

La palabra lanzada
sin intención
y en circunstancias
con mucha pretensión

Poca paciencia
tanta

No tocar el piano
Imposibilidad de cantar
La mascota ausente

La omisión inútil
Claudicar antes de tiempo
Demorarme demasiado en claudicar
Insistir abundantemente
Y muy poco por momentos

No sonreír más a menudo
El beso furtivo que se quedó en mis labios
Y los que no me diste

Haber pensado que
tendría más tiempo
contigo.

2005

Faro en la oscuridad

And what if the path we've chosen is mistaken...
and we are lost
...without each other.

Busco
deseo
rebusco
escudriño
pregunto
escarbo
persigo
exijo
pido
suplico
reclamo

Necesito

Una señal.

2006

Manifiesto

No es útil para nadie
quien sólo hace para sí.

Es aún más inservible
quien renuncia
a preservar y fabricar un legado,
su legado.

Y es perversamente más inútil
quien intenta destruir
el merecido y legítimo legado
que otros construyen.

Terrible es para ellos
los inútiles e inservibles
no haberlo logrado
y fracasar en su corrompido propósito.

Triste es en cualquier despedida
preguntarse qué dejan
triste es que lo escaso hecho
se esfume con su justo destierro.

Más triste es que han ignorado
que la tarea primordial
de un ser humano
es su alma.

Confundir un artificial éxito
impropio de su existencia
sin trascendencia
es el más penoso desatino
y su único destino.

Inspirado en mr, emgg, lmgc,
djgg, ppgg, j&jmu y sus pares.

Relatan las crónicas que,
tras el deceso de Armand-
Jean du Plessis,
cardenal-duque de Richelieu
(1585-1642) – súbdito de Luís
XIII-,
corrió la voz por París de este
epitafio que,
por supuesto, jamás se plantó
en su mausoleo.

"Aquí yace un famoso carde-
nal que hizo mucho bien y
mucho mal;
pero todo el bien que hizo lo
hizo siempre muy mal
y todo el mal que hizo lo hizo
siempre muy bien."

2006

Impregnado en el alma

Los amores pasados permanecen
y las antipatías acontecidas se desvanecen

Cuando amamos
impregnamos a otros
con una parte de nuestra alma

Y la nuestra queda a su vez
impregnada con algo
de la de nuestros seres queridos

En definitiva la pregunta es
cuánta gente nos quiere rodear porque nos quiere
cuánta gente lamentará nuestra ausencia.

2006

Ilusión

Tuve un sueño,
tuve una visión,
sentí el porvenir:
Eras tu.
Fui feliz;
contigo.

Sin ti, no tengo nada.
Estoy perdido,
sin ti.

2007

Entereza

El viaje de la vida y
la existencia es
la rosa y la espina
lo dulce y lo amargo
la risa y el llanto
la amistad y la traición
el amor y desamor
la esperanza y el desconsuelo
la fortuna y la adversidad
la vida y la muerte.

Y si tuviera
O deseara que su existencia fuera
la rosa sin la espina
lo dulce sin lo amargo
la risa sin el llanto
la amistad sin la traición
el amor sin desamor
la esperanza sin el desconsuelo
la fortuna sin la adversidad
la vida sin la muerte.

Entonces, al final de los días
¿Hubiese vivido realmente?

Aunque a ti te prefiero
como rosa con justas espinas
exageradamente más dulce que amarga
con inagotable risa y yo como guardián de tu llanto
con digna amistad y todo el amor
con esperanza, fortuna
y tanta vida como sea posible.

"Mientras tenemos, despreciamos
sentimos después de perder:
y entonces aquel bien lloramos
que se fue para no volver...."
José E. Caro

2008

Providencia

Todo llega tarde
la sabiduría al joven
el éxito al artista
el sosiego al desesperado
la salud al moribundo
la fortuna al negociante
el perdón al arrepentido
el amor al desconsolado
la tranquilidad al alma.

Todo llega tarde

¿O es que lo esperábamos muy pronto?
¿O es que viene únicamente cuando lo entendemos?

2008

Dos Lugares

Llenito de amor por ti
soñando contigo
mientras despierto a tu lado.

2008

Memories

Memories come and go
like bees around our heart
sometimes with a happy buzz
others with a painful sting.

Some just lay as a cocoon
waiting to unveil
building a bridge between
the future and the past.

2008

Calma

Como barca en el océano
luego de una descomunal tempestad
a duras penas respirando
desorientado
cansado
sediento

y tú
no vienes a mi rescate.

2008

Cariño

Salvo mi corazón
salvo mi esperanza

Salvo mi esperanza
salvo mi vida

Salvo mi vida
y toco tu corazón

Toco tu corazón
y salvo tu esperanza

Salvo tu esperanza
y salvas tu vida

Salvas tu vida
salvas mi corazón
y me salvas.

2008

A mi Madre

Siempre presente
a pesar de nuestras ausencias
siempre combatiente
a pesar de la vicisitudes
siempre valerosa
generosa
digna
inteligente
siempre una madre amorosa.

Siempre
una madre.

2008

"Agreement is not necessary – thinking for one's self is."
From the movie "What the #$*! Do we know!?"

Contenido

Agradecimientos 11

Introducción 13

Pensamientos y Reflexiones 17

   I.   Otras Conclusiones y Todo lo Contrario 19

   II. Fragmentos 23

   III. Selecciones 39

   IV. Un Día Particular 69

Poemas 127

Baldíos 129

Enmienda 130

Faro en la Oscuridad 131

Manifiesto 132

Impregnado en el Alma 133

Ilusión 134

Entereza 135

Providencia 136

Dos Lugares 137

Memories 138

Calma 139

Cariño 140

A mi Madre 141

Editorial JGGM

"Un Día Particular" es la decisión de Jorge González Moore de continuar construyendo reflexiones y poemas sobre las vivencias, sentimientos y pensamientos cotidianos.

"La vida es a la vez algo maravillosamente complicado y simple. Mi deseo y necesidad es plasmar mi percepción y creo que es posible compartir con cualquier individuo lo que aquí se forma.

Quiero insistir en que escribir es volver conscientes y palpables los sentimientos y las emociones para concebir y aprehender la percepción particular e individual de la realidad. Escribiendo se desnuda el alma, se es genuino, sin corazas ni salvaguardas, que a larga de nada sirven más que para envejecer pronto."

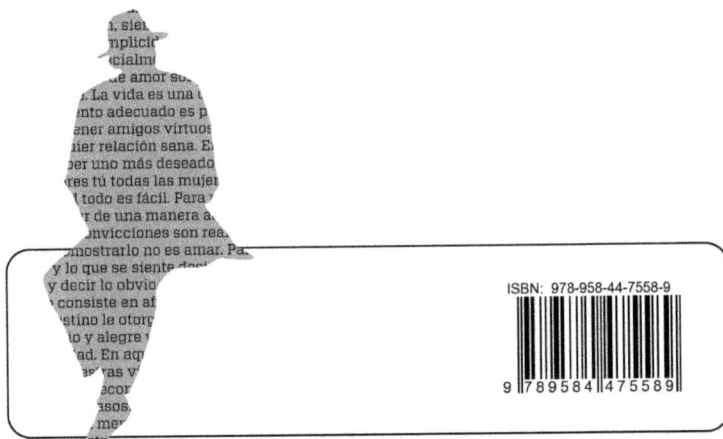

ISBN: 978-958-44-7558-9

9 789584 475589

www.ingramcontent.com/pod-product-compliance
Lightning Source LLC
Chambersburg PA
CBHW081631040426
42449CB00014B/3264